初中综合实践活动课程
与管理研究

仝玉梅　著

吉林人民出版社

图书在版编目（CIP）数据

初中综合实践活动课程与管理研究／仝玉梅著. —

长春：吉林人民出版社，2023.11

ISBN 978-7-206-20505-7

Ⅰ. ①初… Ⅱ. ①仝… Ⅲ. ①活动课程－教学研究－

初中 Ⅳ. ①G632.3

中国国家版本馆 CIP 数据核字（2023）第 246641 号

初中综合实践活动课程与管理研究

CHUZHONG ZONGHE SHIJIAN HUODONG KECHENG YU GUANLI YANJIU

著　　者：仝玉梅

责任编辑：金　鑫

出版发行：吉林人民出版社（长春市人民大街 7548 号 邮政编码：130022）

印　　刷：吉林省海德堡印务有限公司

开　　本：787mm×1092mm　　1/16

印　　张：11.75　　　　字　　数：155 千字

标准书号：ISBN 978-7-206-20505-7

版　　次：2024 年 4 月第 1 版　　印　　次：2024 年 4 月第 1 次印刷

定　　价：160.00 元

前 言

随着我国基础教育改革的全面启动，以学生的经验、社会实际问题为核心，以有效培养和发展学生解决问题的能力，探究精神和综合实践能力为目的的综合实践活动课程已经成为初中阶段的必修课程。综合实践活动课程进入学校课程领域，在经历了课程内容的开发与设置、有效实施策略的探讨、教学方法论的研究等历程后，已经走向了常态化的广泛实施阶段。综合实践活动课程是培养全面素质人才的重要课程之一，它是以学生的兴趣和直接经验为基础，以与学生学习生活和社会生活紧密相关的各类现实性、综合性、实践性问题为内容，以研究性学习为主要学习方式，以培养学生的创新精神和实践能力及体现对知识的综合运用为主要目的的课程。

综合实践活动课程作为国家课程的一部分，对学生的综合素质发展非常重要。通过参与各种实践活动，不仅可以培养学生的学习能力、动手操作能力以及思维能力，还可以提高学生对所学知识的运用能力，在实践中不断创新，获取新的知识，因此，对学生的成长和发展有着重要的意义。尤其是对于初中学生而言，他们正处于成长发育和思维形成的关键时期，并且也正处于好奇心最强烈的时期，初中综合实践课程的开展能够满足他们钻研新知识的热情，也是新课改所提倡的教学方式。本书将对初中综合实践活动课程实进行阐述，希望对广大一线初中教师有所帮助。

初中综合实践活动课程的研究与发展是一项长期而持续的任务，广大教育工作者应当不断追求创新，深化理论研究，积极探索最佳实践，以推动综合实践活动课程的发展和进步，为培养具有全面素质的未来人才做出更大贡献。

目 录

第一章　初中综合实践活动课程概述

第一节　课程理论与课程发展

　　课程是社会的产物，与社会的经济有着紧密的关系。课程设置反映了时代对人才的需求与社会发展的特点。21世纪初，我国新一轮基础教育课程改革设置了综合实践活动课程，顺应了社会发展对人才培养的需求。学习课程理论，了解课程发展历程，有助于深入了解综合实践活动课程的价值，形成与社会发展相适应的现代教育观、课程观、学生观、教师观。

一、课程理论与课程理论发展

　　"课程"来源于拉丁语，指在跑道上跑。这个词是个隐喻，其意思是从文学含义中引申出来的，在跑道上跑可以引申为一个学习过程。"课程"这个概念有着各种不同的定义，在狭义的范畴可以将"课程"概括为学校中各学科的学习，具有严格的结构性；在更广义开放的范畴可以将其概括为学校的整体文化。基于将课程视为学校整体文化的认识，课程又可以分为显性的课程与隐性的课程，这两种课程可以赋予学生学习经验的总体，课程观以及课程取向影响人们对于课程概念的理解。

　　知识、学生、经验、社会是课程所关注的内容，不同课程观所形成的课程理论有所不同，从而对知识、学生、经验和社会的关系在课程中的反应也有很大的区别。

　　约翰·杜威是进步主义的代表人物，其主张学生与知识、社会相关联的课程设计，通过经验将学生与知识统一起来。进步主义课程强调经验和成长发展过程的质量，认为教师是教学的促进者，学生的学习要以小组合作探究为主要形式，学生评价侧重形成性评价，强调表现与反思，学生自评和互评是评价的核心。

人本主义课程理论更加强调人的尊严、潜能和价值，强调学生的自我发展与自我实现，在此基础上，罗杰斯提出"意义学习"的概念，不仅仅是一种增长知识的学习，而是一种与每个人各部分经验都融合在一起学习，是指一种个体的行为、态度、个性以及在未来选择行为方针时发生重大变化的学习。这些变化包括学生的自我认同、自信、自我完善。在这种"意义学习"的思想指导下，学生是学习的中心，而教师只是学习的促进者，与学生是一种平等的关系，在学习活动中，师生互相交流、平等对话，而教师角色的这种转变，使得教师更能深入学生的内心世界了解学生，帮助学生成长。

要素主义强调"文化遗产"的重要性，认为经过历史检验的多数人的经验比个人经验更有意义，比根本没有经过检验的学生经验更有意义。要素主义者认为在人类遗产中有着"一种知识的基本核心"——共同的、不变的文化要素，其中包括各种基本知识、各种技艺及传统的"态度""理想"等，学校的主要任务就是把这些共同的文化要素传授给学生。要素主义教育者强调以学科为中心和学习的系统性，强调学校要系统地传授给学生教材中的知识，主张教师在教育过程中起主导作用。

永恒主义在有些方面与要素主义相似，主张过去的东西是卓越的，特别是有伟大的著作家及其著作代表的过去的东西是无与伦比的，其实质是永久不变的。基于这种思想，永恒主义在课程目的上推崇促进学生的理性发展，在课程设置上强调永恒的学科，认为学生学习的内容就应该是经典、永恒的东西。

一般认为，课程论是研究学校课程计划和课程标准的制定、实施和评价的理论，不同流派的课程论是各种哲学思想的反映。20世纪50年代以来，涌现了不同的课程理论，在大量观察研究的基础上，可以将课程理论分为三种模式，即基于进步主义和人本主义哲学思想下的学生中心课程、社会中心课程及基于要素主义和永恒主义哲学思想下的知识中心课程。

（一）学生中心课程

学生中心课程也被称为学生中心课程，是一个典型的关于发现的课程。学生中心课程倡导者的目标是学生的自我成功，这就意味着要给学生的学习环境提供丰富的自我实现的机会。学生中心课程的核心是学生，基础是学生的成长和发展。学生中心课程是一个关于兴趣和经验的课程，这就要求为学生提供一个充满激励和创造性、能够自我实现的环境。学生中心课程以学生的兴趣和爱好、动机和需要、能力和态度等为基础组织和设计课程。总之，学生中心课程把情感领域和认知领域加以整合，把知识与学生生活联系起来，这就使得课程与教学更具生成性。在学生中心课程中，教师的角色是学生学习的促进者。

（二）社会中心课程

社会中心课程目标结构是探究和解决社会问题，或者说让学生在真实社会中解决社会中的问题。因此，社会中心课程是以社会问题解决为中心的课程。社会中心课程倡导者认为，社会中心课程倡导培养"改造世界"的人，课程内容指向社区事务和真实社会中的问题。社会中心课程观认为，课程必须围绕广泛的社会问题来组织，课程要力求与社会生活相关，重点放在学生公民意识和领导力的发展等方面。教学以问题解决为单元，帮助学生参与社会生活，发展批判精神。社会中心课程的主要教与学的方法是设计班级或小组的项目，学习形式是团队行动，在这样的课程中看到更多的师生互动、生生互动、学生自我决策和管理的情境。社会中心课程的教师角色与学生中心课程一样，都是学习的促进者。

杜威所倡导的课程属于社会中心课程。杜威主张学生、知识、社会相统一的课程设计，提出"问题解决"的学习方式，认为学校应鼓励学生在解决问题的过程中获得知识，并提出著名的问题解决五步法，即问题的感觉、问题的界定、问题的假设、对假设的逻辑推理以及检验假设。在解决问题的过程中，学生与环境互动，获得大量的经验，收集到各种信息，这是一个主动学习的过程。

(三) 知识中心课程

知识中心课程也常常被称为学术性课程、学问中心课程。其对学生知识和技能的认识为：基础知识和技能是为学生所面对不确定未来的最好准备，其目标结构就是学习经典，所谓经典就是基本知识。课程倡导者明确提出学生要接受自由教育，即学术性教育，课程倡导者强调要把人类文化遗产中最具有学术性的知识，连同知识体系的内在逻辑程序和结构作为课程的主体。知识中心课程与上述两种课程很大的区别在于课程的构建是基于各学科系统的、有一定范围顺序的学术性知识，以教科书为本位，关注独立学科基本知识和技能内容。在这种课程环境中，教师是学科专家，是知识的传授者，学校是唯一的学习场所。

从课程致力于回归基础、学习经典这方面看，要素主义是支撑知识中心课程的哲学思想之一；但是，从有些课程致力于学习伟大的、永恒的思想角度审视，永恒主义也是知识中心课程的哲学思想。

上述这三种课程模式，从全面教育的角度看，很难说哪种模式是具有绝对优势的课程模式，在学校教育实践过程中，广大教育者更希望在这三种模式中寻求一种平衡或者是互补，形成更有优势的课程或课程结构。

二、我国的课程改革

伴随着知识经济的到来，世界各国为满足社会发展的需要，提高人才培养的质量，纷纷进行了教育改革，课程作为学校教育的核心，课程改革自然就成为教育改革的核心，其实这只是对课程改革从一个侧面的认识，这种认识是基于顺应社会经济的发展形势。但是从课程改革观念上看，课程改革也应该是课程发展过程中自我更新、自我发展的要求。课程改革不仅要顺应社会经济及公民对教育的需求，还应该走到社会的前沿，通过创新课程，促进公众和社会的教育价值观的提升，使课程改革积极地参与创造未来的过程。

教育部为贯彻党的教育方针，坚持教育与生产劳动、社会实践相结合，引导学生深入理解和践行社会主义核心价值观，充分发挥初中综合实践活动在立德树人中的重要作用。基于此，综合实践活动课程成为现阶段初中教学的必修课程。这一课程结构创新是教育理念创新的具体体现，正影响着学校、教师以及公众对课程的认识，引导并提升人们的教育价值观。

第二节　学科课程与活动课程

学校教育的基本功能是传授给学生广泛的知识教育，所有学生都应当通过教育获得广泛的知识，实现人的全面发展的愿望。教育适应自然包括两个方面：一是教育要适应大自然的发展法则；二是教育要适应学生个体的自然发展，即适应学生的天性、年龄特征。因此，在重视学生对系统知识学习和继承的同时，还应重视学生的活动。

一、学科课程

长期以来，学科课程是课程最主要、最基本的组织形态。所谓学科课程，大体上是指学科结构课程理论中的"学术性"课程，也称分科课程，这一类课程主张以学科知识结构作为课程设计的基础，以学科知识技能和理论的传播为主要目标。学科课程注重学科知识的逻辑性、系统性和完整性，有助于学生掌握基础知识，学校也容易组织教学及进行课程评价，学科课程体系在近代教育中有一个形成发展的过程，具体可分为以下几个方面。

（一）学科课程体系的形成与发展

教育家裴斯泰洛齐是教育实践发展中一位杰出的代表人物，他是第一个提出学校"教育心理学论"的主张的人。他认为学生天生就有一些功能和能力，而每种功能都可以选择某些教学内容加以训练。他一生致力于改革教育，简化教法，认为人们的一切知识来源于发音能力、感觉能力和计算能力，而声音、形状和数目则是构成这三种能力的基本要素，他主张用分科教学发展学生的这些相应的要素，进而形成了关于初等教育中分科教学的完整的教学方法。

赫尔巴特是著名的哲学家、心理学家和教育家，他主张把人的心理活动归结为观念的活动，将以往被认为是心理功能的记忆、想象、情感、理解、判断和推理等心理现象统统归结为人的各种观念在一定条件下的活动或连接。课程的价值在于提供适宜的资料影响人们已有的思想和观念，并通过激发学生的多方兴趣而启其心智。他主张以学生多方面的兴趣作为设置课程的基础，据此建立了自己的课程体系，将当时已有的知识编成教材，由教师依据教材向学生进行讲授。例如，为激发学生的经验兴趣就要设置自然（博物）、化学、地理等课程；为了激发学生思辨的兴趣，就要设置数学、逻辑和文法课程；为了激发学生的审美兴趣，学校则应开设文学、歌唱和图画；为了激发学生的同情兴趣，即人类交际知识的兴趣，学校还应开设本国语课程；为了激发学生的社会兴趣，历史、法律等课程自然不可或缺。由此可以看出，这一课程体系本质上就是以知识为中心的课程体系。

教育家斯宾塞认为，凡在指导行动方面最有价值的各种知识的获得，必然包含着一种心理训练的作用，以促进能力的提高。而在教学过程中，通过分科式的教学在传播知识的同时，也就自然而然地发展了学生的记忆、判断、思维和想象等各种能力。他主张在学校中不仅应设置那些具有训练价值的古典课程，更应优先设置那些有内在价值的科学课程，并据此制定了教育史上第一个"实科教育体系"。将理科、农科、工艺、经济以及应用数学和家政等实际知识纳入了课程内容之中，对后来的教育也产生了极为深远的影响。

（二）学科课程的主要学习方式

学科课程是传承人类文化遗产、学习系统文化的主要载体。学科课程的特征表现在两个方面：一是强调知识的系统传授，二是强调根据知识的逻辑理性编排课程，这就决定了学科课程的主要学习方式是继承性学习。继承性学习是指学生在课堂教学中，通过教师以定论的形式讲授教材，接受文化科学知识的一种学习方式。它要求学生把教师所传授的东西加以内化，即把所学的材料与认知结构中的有关观念结合起来，并储存在认知结构中。

学校课程作为社会文化的一部分，既受社会经济等因素的制约，同时也因其保存、传递和重建社会文化的职能而对社会发展产生了重要的影响。学校课程尤其对社会文化中科学技术的保存、传递和发展具有重要的作用，通过学校课程的传授，科学技术才能得以继承并迅速地传播开来，而有了更多地接受过学校教育的人们广泛而深入地参与社会生产过程，才能推动科学得以长足的发展。

在基础教育中，一般情况下都是以学科教学为中心，传输给学生的自然科学的知识和内容都是比较稳定的、一致的和共同的，即使有变化，也只是常见的改造和改革。所以，基础教育中的自然科学知识和技能最具有稳定性。在这样的条件下，以班级授课为基本形式，以系统的学科知识为主要内容，以教师讲、学生听为主要继承性学习方式，在大面积、高效率地传授社会文化方面具有得天独厚的效果。

二、活动课程

活动课程是指学校中有计划地组织开展的、以学生为主体、一切以学生亲历亲知为特征的课程。活动课程与学科课程不同，这一类课程以学生主动参与、亲自实践、获得直接经验或体验为目的。

（一）活动类课程的形成与发展

教育家昆体良在公元 1 世纪曾提出"兴趣说"，提出课程最好要由学生的兴趣决定，这种观点成为之后进步主义的思想基础。18 世纪法国著名启蒙思想家、哲学家、教育家、文学家让·雅克·卢梭在《爱弥儿》一书中描述了对学生进行自然教育的过程，强调经验性和与经验性学习相关的内容。

杜威从经验论的哲学出发，强调必须以直接经验为起点。他主张以师生共同活动、共同"经验"的新方式，他还主张在活动过程中要把对知识的获得降到次要位置，因为知识仅仅是已经获得并储存起来的学问，而智慧则是运用学问指导改善生活的各种能力。变注重结果为注重过程，注意培养人的思维能力和掌握科学的思维方法成为杜威教学理论的重要特点。比较杜威的教育理论和他所批判的传统教育，区别就在于杜威以智慧为目的并以知识增进智慧。

杜威留给后人的绝不仅仅是活动课问题，他解决现代教育问题的思路及其理论所反映出的总体精神，如要求加强教育、学校与社会生活的联系，使学校不仅能够适应现代社会的变化，更要积极参与社会生活的变革；要求尊重学生的心理发展水平，使教育过程既具有成效，本身又有乐趣；要求加强理论与实践的联系，使理论能有效地指导实践并使自己受到检验和发展；等等，这些理论至今仍有很大的启发意义。

（二）活动课程的主要学习方式

活动课程的主要学习方式是实践性学习。实践性学习是基于经验的一种以解决问题为中心的学习，它可以表现为操作式学习、探究性学习、发现式学习、研究性学习等不同的形式。称谓不同，本质上则是一样的，都是组织学生通过实践活动主动探究，激发学生的学习兴趣，提高学生观察、感知、分析和解决实际问题的能力。这样的学习不仅有助于学生获得直接的经验，而且可以帮助学生加深对间接知识的理解，因而越来越受到人们的重视。

实践性学习是人类与生俱来的一种本能性质的学习方式，千百年来早已存在于人类生活的各个方面。活动课程出现以后，实践性学习作为与这类课程相适应的学习方式受到人们的普遍关注，并力图从理论上予以探讨和规范。实践性学习可弥补接受性学习的不足，丰富学校教育中学生的学习方式。

1. 实践性学习在认知过程中的作用

实践是认识的起点，人类学习过程的本质就是实践的过程。从生理角度看，人类的学习是建立在一系列条件反射基础上的，人的心理和精神，一切智力行为和随意运动都是对信号的反应，都是在非条件反射的基础上所形成的条件反射。对人来说，客观刺激物作用于感受器，引起大脑皮层的活动，就产生了感觉、知觉、表象等心理活动。两个信号系统学说认为条件反射是一种信号活动，引起条件反射的刺激是信号刺激，信号可分为两大类：一类是以具体事物本身的理化性质发挥刺激作用的，如铃声、灯光、食物的形态气味等，这些现实而具体的刺激信号称为第一信号。对第一信号发生反应的大脑皮质功能系统称为第一信号系统，是人类和动物所共有的。另一类是以具体事物所抽象出来的语言和文字发挥刺激作用的，这些抽象的语言文字为第一信号的信号，故称为第二信号。对第二信号发生反应的大脑皮质功能系统，称为第二信号系统，这是人类所特有的，是人类在生产劳动、社会实践活动中逐渐形成的，也是人类区别于动物的主要特征。人类大脑皮质活动的特征具有两个信号系统和语言功能，因此，人类的条件反射更复杂。

条件反射是在直接刺激的基础上，经过一定的学习过程形成的。这一学习过程可以看作是实践学习。实践性学习是认知的基本方式，而接受性学习是建立在实践性学习基础上的。

学生对周围世界的认识是通过游戏、实践活动、体验进行的。学生在各种活动中观察、感知外界事物，对观察、感知的事物建立基本概念，这些概念可能是零散的知识。随着学生与外界人与事的丰富接触（实践），会形成大量复杂的条件反射，丰富学生对周围事物的认识，这一过程自然地增长了知识。同时，这些知识经过分析，综合形成复杂的概念甚至系统的知识。在大量的实践活动中，学生逐渐理解了事物之间的复杂关系，学习处理各方面问题。学生在实践活动过程中，在不断地"纠错"过程中，实现着一个又一个的认识上的飞越。在生活中有这样一个现象，成年人获得一个新产品，会先看说明书，然后再去使用。而一个初中学生拿到一个新产品后，他会不断地尝试着各种操作，很快就掌握了使用的方法。这就是说学生在接触新鲜事物时，往往会运用"尝试错误"的方法学习，这种在"尝试错误"的过程中逐渐掌握的操作技能就是实践性学习。

实践性学习始终伴随着学生的成长过程，成为学生积极主动认识世界的一种重要方式。实践性学习很大的一个特点就是探究，通过对实际问题进行"探究"进而求得答案，是科学家进行科学研究的基本方法。随着学生年龄的增长，阅历和知识的增加，组织初中学生不断地通过对各种具体事物进行"研究"，就会使他们学习如何观察、如何质疑、如何提出假设、如何设计和组织实验，以及如何撰写实验报告和进行交流，所有这一切正是在演绎科学家发现问题、提出假说、实验验证进而发现和创造新事物的全过程。当学生置身于这个过程的时候，他们自然会以极大的兴趣投入其中，在实际的操练中培养了自己分析问题和解决问题的能力，也就自然而然地知道了面对大千世界复杂纷繁的变幻应该如何学习了。而知道如何学习就意味着学生能够自己找到新的信息和数据解答他们对自然世界的疑问，能够自己使用新技术解决所遇到的难题。

2. 实践性学习以学生发展为本

实践性学习，特别是作为实践性学习高级形式的探究性学习是围绕问题的解决展开的，而问题又多是在学生的实际经验中产生的，解决问题的前提条件则是学生兴趣、爱好或需要。卢梭在《爱弥儿》一书中就曾以其自然教育观出发，主张把培养学生爱好学习的兴趣和提高能力放在首位，反复强调应该让学生从经验中取得教训，从实践中学习，呼吁要让学生在学习中自己去发现问题。

三、实现两种课程的优势互补

经过历次教育改革，在学科教育方面积累了比较丰富的经验，我国初中生对各学科基础知识掌握的扎实程度受到世人认可，这是我国基础教育的优势。学科教育方式属于继承性学习的范畴，主要采用教师讲、学生听的接受式方法。因此，以往教育的经验主要是实施学科课程的继承性学习方式的经验，对这些经验应该加以分析与总结，肯定其中正确的东西并予以继承甚至发扬。

在学校里，与学科课程和活动课程两类不同的课程相对应的两种基本的学习方式是继承性学习和实践性学习。教育目标不同，课程性质不同，其学习方式以及学习内容也会有所不同。在课程改革与实施的过程中，要从关注两类不同课程的内容和相应的学习方式出发，全面加强学校课程建设。

学科课程中以继承性学习为主要学习方式，帮助学生迅速有效地掌握那些以定论的形式直接呈现出来的既有知识，帮助学生了解前人积累的文化成果，为学生未来的发展打下良好的知识基础。这一类课程大多需要教师的主导作用，学生在学习过程中的"理解"和"识记"具有十分重要的意义。一般情况下，理解是实现知识内化的前提，识记则是学习的具体目的；特殊情况下，要求学生背诵某些暂时尚不理解的内容也不失为一种有效的学习方法。

活动课程对应基于经验的实践性学习，这一类课程以过程学习为特点，主要依靠学生发挥认知主体的作用。在动手、动脑解决问题的过程中，"模仿"和"探究"常常是主要的学习方法，"模仿"不仅能够获得技能，而且还能够帮助学生从中"悟理"；"探究"的目的则在于"发现"，通过"发现"的过程，学习研究事物的方法和提高解决问题的能力。在活动课程中，由于学习方式的改变，学生可以获得亲身的体验，获得鲜活的知识。活动课程在学生情感的发展、个性发展、价值观的形成等方面都具有学科课程所不可替代的作用。

新课程改革强调学习方式的变革，主张"自主、合作、探究"。新课程倡导学生主动参与，乐于探究，勤于动手，培养学生的合作意识和合作能力，这无疑具有积极意义。

实现两类课程优势互补，两种学习方式相得益彰，不仅要关注由学科和活动两类课程组成的课程体系是否得到贯彻和实施，以保证国家课程计划的严肃性；还要看两类课程的教育功能是否得到发挥，课程的学术性基础是否得到保证，学生创新精神和实践能力是否实现了同步提高；用于各类课程的教育资源随着课程改革的发展进程是否不断完善，是否适用，其质量和水平较之以往是否不断提高；教师把握不同课程的教学理念、教学水平和教学艺术是否得到了改善。总之，初中综合实践活动课程要全面加强课程建设，在面对与解决诸多问题的过程中，都要考虑这两种课程类型的特点和两种不同的学习方式，这是实现两类课程优势互补的重要思路。

综合实践活动课程的设置完善了学校课程结构。在学校教育中，将两类课程结合起来，统一施教，有利于保持和发扬我国学科教育的优势，实现两类课程、两种学习方式的优势互补。

第三节　初中综合实践活动课程的性质与理念

一、综合实践活动的课程性质

作为国家层面的法定课程，由学科课程和综合实践活动课程两类课程共同构成，这是我国课程体系的进一步完善。综合实践活动课程是国家义务教育和普通高中课程方案规定的必修课程，与学科课程并列设置，是基础教育课程体系的重要组成部分，该课程由地方统筹管理和指导，具体内容以学校开发为主，自小学一年级至高中三年级全面实施。

二、综合实践活动的基本理念

（一）以培养学生综合素质为导向，关注学生解决问题的能力

综合实践活动强调学生综合运用各学科知识，认识、分析和解决现实问题，提升学生综合素质，着力发展学生核心素养，特别是社会责任感、创新精神和实践能力，以适应快速变化的社会生活、职业世界和个人自主发展的需要，迎接信息时代和知识社会的挑战。

综合实践活动编织的是一条为学生与其所在的现实世界发生联系和相互作用的纽带。"问题"是学生与现实世界相互作用的关节点，综合实践活动即是以"问题解决"为中心组织活动过程的。解决问题的过程缩短了学生生活与社会需要和现代科技成果之间的距离，为学生认识世界和感受生活创造了良好的条件。

在有效地解决问题的过程中，学生将会主动地运用学过的知识；在对问题进行探究的时候，也一定会学习和使用各种相关的方法和技能。同样，解决问题的过程，无论成功与否，都会伴随着酸、甜、苦、辣等鲜活的体验和感受。在这一活动的过程中，组织者和实践者尤其要着重对学生进行科学方法的训练，使他们了解取得科学结论必须遵循的一般程序，学习针对不同性质的问题逐步掌握各种解决问题的基本方法和要领，学会发现、学会探究，不断地提高运用科学方法解决问题的能力。

（二）课程开发面向学生的现实生活，立足其适应现实和未来的需求

本课程面向学生完整的生活世界，引导学生从日常学习生活、社会生活或与大自然的接触中提出具有教育意义的活动主题，使学生获得关于自我、社会、自然的真实体验，建立学习与生活的有机联系。要面向学生完整的生活领域，关注学生现实和未来的需要，从整体上把握活动的内容、结构和层次，努力为学生创造健康发展的开放空间。

综合实践活动的开发和实施要主张以学生与自然、学生与他人和社会、学生与自我的关系这样三条线索作为内在的逻辑线索进行开发。应该关注学生的现实需要，从学生的生活实际出发，并尊重学生的兴趣和爱好，从现实生活中选择问题或课题进行研究。教育既要源于生活，又要高于生活，对学生活动的设计亦应未雨绸缪，兼顾学生的长远发展，主动帮助他们适应未来世界的需要。当前，尤其应该从整体上考虑满足学生适应未来知识经济时代对人才多方面的需求，把学生活动的现实世界的要求和科学世界以及现代社会发展的需要整合起来，科学地进行项

目设计和活动资源开发，同时，又鼓励秉持多元化价值标准，因地制宜、因人而异地开发各类活动资源。提倡学科渗透，鼓励文理交融，体现个人、自然和社会的整合，渗透科学、艺术和道德的整体教育。坚持整体规划，周密设计，鼓励开放生成，另辟蹊径，引导学生在活动中学会关爱自己，热爱生活，关心自然，关注社会。

总之，综合实践活动面对的学生完整的生活领域，是一个丰富多彩的、发展的、完整的系统，是为学生发展营造的一个良好的空间。作为活动的组织者，要充分利用综合实践活动的这一优势，在活动不断深化的过程中实现学生个性的张扬，有效地促进学生生动、活泼、主动地得到发展。

（三）注重学生主动实践和开放生成，实现学生学习方式的变革

综合实践活动的本质是基于实践的学习。它以学生的实践和经验作为基础，鼓励学生对知识的综合运用，鼓励学生的自主选择，将学生的需要动机和兴趣置于核心地位，它追求的是获得知识的科学方法和深刻的体验过程。因而，是一种以积极的情感体验和深层次的认知参与为核心的学习方式。开发和实施综合实践活动，就要着眼于学生的实践和经验，变结论性学习为过程性学习，指导学生掌握探究的方法和要领，在活动的实践中引导学生实现对活动过程的积极情感体验，感受活动的乐趣，促进学生的发展。

开发和实施综合实践活动应为学生设计多种性质的学习空间，帮助学生通过考察、操作、实验、测量、分析、总结等"做中学"的实践过程进行探究学习。活动过程既要注重学生的兴趣和需要，鼓励学生自主选择，积极参与大胆实践，又要有针对性地对活动给予有效指导，在实践中总结和提高，实现从感性到理性、从经验到理论的提升。帮助学生学会用自己的眼睛观察世界，用自己的头脑判断事物，用自己的方式表达成果，激发他们的创新精神和实践能力。

（四）课程评价主张多元评价和综合考察

综合实践活动要求突出评价对学生的发展价值，充分肯定学生活动方式和问题解决策略的多样性，鼓励学生自我评价与同伴之间的合作交流和经验分享。提倡多采用质性评价方式。要将学生在综合实践活动中的各种表现和活动成果作为分析考察课程实施状况与学生发展状况的重要依据，对学生的活动过程和结果进行综合评价。

各学校和教师要以促进学生综合素质持续发展为目的，设计与实施综合实践活动评价。要坚持评价的方向性、指导性、客观性、公正性等原则。通过对学生成长过程的观察、记录、分析，促进学校及教师把握学生的成长规律，了解学生的个性与特长，不断激发学生的潜能，为更好地促进学生成长提供依据。教师要指导学生客观记录参与活动的具体情况，包括活动主题、持续时间、所承担的角色、任务分工及完成情况等，及时填写活动记录单，并收集相关事实材料。要指导学生分类整理、遴选具有代表性的重要活动、典型事实材料及其他有关资料，编排、汇总、归档，引导学生明确努力方向。

第四节　初中综合实践活动课程的目标与价值

一、综合实践活动课程的目标

综合实践活动课程在立德树人中发挥着重要作用。这门课程旨在鼓励学生综合运用各学科知识，认识、分析和解决现实问题，提升综合素质、着力发展核心素养，特别是社会责任感、创新精神和实践能力。课程总目标和各个学段的目标可具体分为以下几方面。

（一）课程目标

学生能从个体生活、社会生活及与大自然的接触中获得丰富的实践经验，形成并逐步提升对自然、社会和自我之内在联系的整体认识，具有价值体认责任担当、问题解决、创意物化等方面的意识和能力。

（二）初中阶段的具体目标

1. 价值体认

积极参加班团活动、场馆体验、红色之旅等，亲历社会实践，加深有积极意义的价值体验。能主动分享体验和感受，与教师、同伴交流思想认识。通过职业体验活动，发展兴趣专长，形成积极的劳动观念和态度，具有初步的生涯规划意识和能力。

2. 责任担当

观察周围的生活环境，围绕家庭、学校、社区的需要开展服务活动，增强服务意识，养成独立的生活习惯；愿意参与学校的服务活动，增强服务学校的行动能力；初步形成探究社区问题的意识，愿意参与社区服务，初步形成对自我、学校、社区负责任的态度和社会公德意识，初步具备法治观念。

3. 问题解决

能关注自然、社会、生活中的现象，深入思考并提出有价值的问题，将问题转化为有价值的研究课题，学会运用科学的方法开展研究，能主动运用所学知识理解与解决问题，并做出基于证据的解释，形成基本符合规范的研究报告或其他形式的研究成果。

4. 创意物化

运用一定的操作技能解决生活中的问题，将一定的想法或创意付诸实践，通过设计、制作或装配等，制作和不断改进较为复杂的制品或用品，发展实践创新意识和审美意识，提高创意实现能力。通过信息技术的学习实践，提高利用信息技术进行分析和解决问题的能力及数字化产品的设计与制作能力。

（三）主题活动目标

在课程实施的具体过程中，课程目标和学段目标是抽象程度较高、概括性较强的目标。在制定具体主题活动目标时，应在把握综合实践活动总目标和学段目标的基础上，根据选定的活动内容及学生的年龄特点制定具体的主题活动目标，使学生更好地、更深入地理解和认同这些具体目标，以发挥目标的导向和激励作用。

对一些需要长周期完成的主题活动，除了设计主题活动目标，还要按活动的进程确立阶段活动目标和课时目标。

1. 主题活动目标的制定

主题活动目标是指学生参加一个主题活动的方向和应达到的要求。主题活动目标的确定是由"普遍性目标"走向"行为性目标""体验性目标"和"表现性目标"的过程，"行为性目标"是对学生提出可操作、可行为化的活动方式和能力方面的要求，"体验性目标"是对学生在活动实施过程中提出的过程体验的要求和情感态度变化的要求，"表现性目标"是指对学生提出的个性化发展的要求。

综合实践活动的目标与活动的内容、方式是密切关联的，要培养学生形成适应力，首先要根据学生的年龄特点与接受能力，以他们在生活、生存过程中必须形成的经验作为出发点，选择典型的活动内容和形式实现实践经验的目标，内容是实现目标的载体。当思考培养学生的目标时，也要思考能够实现目标的内容，将各种目标与学生活动的具体任务相关联，引导学生通过完成活动任务达成目标。这就需要教师根据主题活动的内容和对学生基本情况的分析制定比较明晰的基本目标。

确定主题活动目标一般应经历以下几个过程。

第一，根据具体的活动内容，对照上位目标（即学段目标、年级目标、学期目标）确定主题目标的侧重点。

第二，认真分析学生的实际水平，明确研究什么，怎样研究，要达到什么程度。

第三，按活动的任务顺序列出可操作、可观察、可测量的具体目标。

第四，从中选择重点目标，并用简单明确的语言陈述清楚。在目标设计过程中，还需要对学生的知识与技能、活动过程与方法、情感态度与价值观进行整体考虑，保证学生在综合实践活动的学习经历中获得多方面的发展。

2. 阶段活动目标的设计

综合实践活动是师生双方在其活动开展过程中逐步建构生成的课程。随着实践活动的不断展开，学生的认识和体验不断深化，新的活动目标和活动主题将不断生成，综合实践活动的课程形态随之不断完善。因此，在必要时可根据活动的不同阶段设计活动的阶段目标。

阶段目标是学生参加某一阶段活动的方向和应达到的要求，如活动准备阶段的活动目标、活动实施阶段的活动目标及活动总结阶段的活动目标。由于每个活动阶段学生的活动方式不同，活动目标也会有差异。例如，活动准备确定阶段应更多地关注学生如何选择主题、提出问题，如何构思选题、确立活动目标内容，如何制定活动方案、优化完善方案；活动实施阶段则比较关注搜集信息的能力、解决问题的能力，如何利用和经历多样化的活动方式和实践方式、做好活动过程的记录和活动资料的整理等目标；活动总结交流阶段要关注成果呈现方式的多样性、学生自我反思能力等方面的目标。

3. 课时活动目标要求

课时活动目标是指学生在某一课时或参加一次具体的活动所要达到的要求。它可以是一次课堂内的教学活动，也可以是一次课外的实践活动，它的目标是对主题活动总目标与阶段性目标的具体化。在设计上更有针对性，更具操作性。

在具体制定目标时，需要把阶段目标分解为若干个基本指标。如在统计调查结果的课上，可以要求学生能用一到两种统计方法对调查数据进行统计。这些可操作性的目标不仅让学生有了具体的任务支持和努力的方向，而且为活动的评价提供了依据。

从主题目标到阶段目标再到课时目标，要做到上一级目标制约下一级目标，下一级目标的落实有效地推进上一级目标的实现，所以说主题活动目标的三个层面是一个有机的整体。

二、综合实践活动的教育价值

了解综合实践活动作为必修课程形成和发展的历史，理解综合实践活动作为一门独立的课程形态在新课程体系中的重要地位以及课程在形成学生创新精神和实践能力方面所具有的独特的教育价值，无疑会增强人们实施综合实践活动课程的主动性和自觉性。

（一）充分理解综合实践活动的教育价值

综合实践活动课程是国家义务教育和普通高中课程方案规定的必修课程，与学科课程并列设置，是基础教育课程体系的重要组成部分。它在引导学生深入理解和践行社会主义核心价值观，在完成立德树人根本任务中发挥着重要作用。

1. 完善了基础教育课程结构体系

综合实践活动课程的开设标志着我国基础教育课程体系的结构性突破，作为国家层面的法定课程由学科课程和活动课程两类课程共同构成，这是我国课程体系的进一步完善。实现学科课程和活动课程同时并举，使其各自发挥自己的优势，有助于实现两者教育功能的互补，有利于发挥课程全面育人的积极作用。

2. 培育学生对社会主义核心价值观的认同，提高其综合素质

综合实践活动课程是基础教育课程体系中指向学生的创新精神和实践能力培养的核心课程，对于实现人才培养目标有着举足轻重的作用。学生的生活世界不仅是书本、学校、家庭，还涉及社区、乡村、大自然、国家乃至人类现在和将来丰富多彩的真实世界。在这个真实的世界中，学生自主发现问题，形成课题，在解决问题的过程中，在考察探究的过程中，在参与社会、服务社会的活动中会得到很多鲜活的体验与感悟，这些体验与感悟会进一步内化形成学生的认识、意识乃至价值观念。学生能从个体生活、社会生活及与大自然的接触中，获得丰富的实践经验，形成并逐渐提升对自然、社会和自我的内在联系的整体认识，具有价值体认、责任担当、问题解决、创意物化等方面的意识和能力。其中的价值体认就是学生通过对家乡或社区变化的考察、通过对爱国主义教育基地的参观，对社会主义新农村和现代工业及高科技企业的考察，对非物质文化传人及各行业模范人物的访谈，对传统文化和环境问

题的探究等各种社会实践所获得的对社会道德与规则的认同、对国家的认同、对社会主义制度的认同，从而建立文化自信和制度自信。

系统地开设综合实践活动课程是一个长期的、系统地通过课程形式进行全面育人的过程。通过丰富多彩的综合实践活动，潜移默化地使学生体悟个人成长与社会进步，国家发展和人类命运共同体的关系。这种体悟是切身的，是任何说教所不能及的。在这种体悟下，学生会更加积极地生活、学习，会关注社区和社会的发展，会积极投入社区服务和志愿者服务中。

综上所述，通过开展综合实践活动，学生发现和提出问题的能力得到了发展，能够运用多种方法分析并解决问题，使解决问题的方法和思路有所创新，实践与反思能力逐渐增强，交流与合作能力明显增强。综合实践活动课程在学生知识的运用、综合能力的发展、综合素质的提高等方面会起到任何课程不可替代的作用。

3. 塑造学校课程文化，形成学校课程特色

综合实践活动课程是一门国家课程，由于这门课程具有开放性、生成性，在实施时需要各地区和学校因地制宜，基于现实资源进行校本化地实施。因此，这门课程具有实践性，具有成为学校课程结构中较为活跃的板块，有助于学校课程文化的塑造。

另外，通过开展综合实践活动，鼓励学生形成独立见解，有助于学生形成独立研究问题的习惯和能力，有助于引导学生实现科学精神与人文精神的双向平衡、协调发展，培养学生既信奉科学又崇尚人文，从小形成求真务实的思想和习惯。

作为观念的文化会时刻影响经济的发展。设置综合实践活动，改革初中的课程结构，必将对重塑学校文化的过程和质量产生深远的影响，进而对国家经济的发展和国家民族的前途产生了潜移默化的作用。

(二) 充分实现综合实践活动课程的教育功能

1. 树立正确的综合实践活动课程观

充分实现这一新型课程的教育价值，发挥其教育功能，推动综合实践活动课程的有效实施，必须有一个正确和清醒的认识。

　　新课程改革以来，各个学科都强调"实践、探究"。初级中学也拥有了对综合实践活动课程、地方课程、校本课程等课程更大、更灵活的自主权。

　　就综合实践活动课程与校本课程、地方课程的关系而言，综合实践活动课程与其存在差异，同时在很多方面又有交叉，可以协调起来实施。例如，学校在实施综合实践活动课程的过程中，需要用校本课程开发的技术进行设计和实施，而校本课程是国家三级课程管理制度中属于学校自主管理的那部分课程，是根据学校的实际情况开设的。地方课程是充分利用地方课程资源而开发、设计、实施的课程，是不同地方对国家课程的补充，反映了地方和社区对学生素质发展的基本要求。校本课程和地方课程的内容和学习方式可以是以实践性为主的课程，当然也可以是知识取向。但如果把校本课程、地方课程的内容同时设定为综合实践活动课程，那么地方课程、校本课程的内容设计和学习方式就要符合综合实践活动课程的理念。

　　2. 规范制度建设，提供综合实践活动实施的政策环境

　　课程建设不仅需要理论研究和实践探索，更需要政策的扶持和制度的完善以保证其常态化和规范化。只有加强初中学校综合实践活动课程的制度建设，才能确保教学的实施效果，促进课程的良性发展。

　　学校应对综合实践活动课程进行系统规划。在课程实施计划中，学校要认真分析综合实践活动课程的基本要求，结合学校的办学理念，挖掘和利用校内外各种课程资源；设定学校实施课程的总体目标以及各年段或各年级的具体目标；对课程实施的基本要素进行分析，其中包括课内外课时的分配与使用、研究主题的选择方式、活动的组织形式与流程、管理的基本方法、指导教师的安排、课程资源的开发与管理、对教师活动和学生活动的评价等。

　　还应建立相应的教学制度，保障和规范课程计划的有效实施。教学管理制度主要涉及与教师、学生开展活动有关的制度。与综合实践活动课程指导教师有关的制度，具体包括指导教师工作的职责、培训制度、工作量的认定制度、激励与评价制度等。由于在这门课程中，学生的实

践活动多数是在课堂之外进行的，因而，需要对教师的课余指导进行工作量的认定。与学生有关的制度，具体包括学生参与实践活动的流程规定与职责规定，学生研究过程资料的积累，学生研究成果的展示与激励机制，学分认定制度，学生外出实践的安全预案和相应的保障制度等。学校应通过积极有效的制度调动学生参与研究的积极性，帮助他们获得积极的体验。

第二章　初中综合实践活动课程的学习过程与方式

第一节　初中综合实践活动课程的学习过程

作为一种实践取向和经验取向的课程，综合实践活动比其他任何形式的课程都注重过程的教育价值。从某种意义上说，综合实践活动课程的设计与实施反映了"实践哲学"或"过程哲学"的核心理念，彰显了"实践"和"过程"的发展价值。因此，处理好过程与结果的关系是综合实践活动课程的基本要求。

一、教育活动的过程属性

人的任何活动都是一个过程，都是以过程的形式存在和发展的。所谓过程，就是事物各个因素之间在时间上和空间上构成的联合体所进行的内在的、复合的运动。过程是事物的存在方式，世界的本质就是过程的存在，事物存在的过程就是变化和发展的过程。同时，世界的实在性正在于它的过程性，过程就是实在，实在就是过程。事物内部要素之间的相互联系、相互作用是在鲜活的、客观的过程中发生的，事物的变化和发展是在过程中实现的，过程是事物变化与发展并走向目的的必经环节和途径。

（一）教育的过程属性即生成属性和发展属性

教育的过程不仅仅是一种活动进程、活动阶段、活动环节、活动程序，更重要的是，教育的过程是教育活动的主体（教师和学生）围绕一定的活动主题（符号知识主题或生活经验主题）在特定的情境（有组织的课堂环境和有发展意义的开放活动情境）中通过互动式交往活动所进行的建构性实践活动，是教育要素之间交互作用的变化和发展过程。在这一过程中，师生在信息沟通、情感交融、思想交流的基础上达成学生的知识与技能、情感态度与价值观由量变到质变的飞跃。从某种意义上说，教育的过程就是学生发展的过程，而这一过程具有预设和生成的双重属性。只有认识并实现教育活动的过程属性，学生的创造能力与个性的发展才能实现，教育活动才有空间和可能成为一种"艺术"。因此，教育的过程属性本质上就是教育活动的生成属性和发展属性。

教育目的和教育结果之间的真实的教育活动就是教育过程。教育目的是可预设的，但教育结果并不一定就是全预设的教育目的的真实再现或复写。真实的教育结果实际上是教育过程的结果，是师生在教育情境中围绕活动主题进行交互作用而实现的创造性、发展性结果。

（二）教育的过程属性的特征

教育活动具有区别于其他事物和人类活动的特定的过程特性，教育活动作为一种过程存在，具有以下根本特征。

1. 转化与生成

教育过程是影响教育活动的性质和价值，是教育目标达成并拓展的必由之路。教育过程是教育活动本身，教育的过程对于教育目标和教育结果而言，其根本意义在于转化和生成。转化性和生成性是教育的过程属性的基本特征，从这个意义上来说，教育的过程就是转化和生成的活动过程。转化既是教育过程的特征，更是教育活动本身。教育活动的文化性格和智慧性格都只有通过过程才能得到体现和实现。转化的具体活动形式包括接受、理解、内化等。转化是发展的质变过程，是以认知为基础的飞跃性的发展过程。转化的主体是教师和学生，教育过程中既有教师指导下的转化，也有非指导性的学生自主建构性的转化，转化的依据是教育过程中的主要矛盾。

教育过程的本体意义就在于过程的生成性。如果转化活动还具有一定的预设性和规范性，那么，生成活动则体现出强烈的现实性和动态的发展性。对任何一种教育活动而言，过程总是现实的、真实的、及时的，总是教育要素在特定情境中在时空上的意义联结，总是在特定的教育情境中教育主体之间的交互作用。通过内隐的思维活动、精神活动以及外显的操作活动，过程总是伴随着无数的非预设性、不确定性、动态性以及形形色色的体验、顿悟、灵感，这为超越预设性的教育目标提供了现实基础。不同层次的创造充满着过程，并随着过程的"绵延"而流动。当然，生成并不否定引导、指导、接受，并不怀疑预设和计划的作用，生成应该有方向性。

2. 确定性与不确定性的统一

教育自身的复杂性决定了教育过程的复杂性。这种复杂性包括：教育过程既具有确定性、客观性、稳定性、科学性、绝对性、终极性、中立性、普遍性和一致性等性质，也具有不确定性、主观性、非线性、文化性、相对性、境域性、价值性、特殊性和差异性等基本性质。即使是教育过程中的知识也具有双重特征，当然，生成性的教育过程观崇尚动态的知识观，主张用发展和变化的观点把握知识的本质和性质。一方面，注重把握知识的不确定性；另一方面，注重把握知识的文化性和价值性，将知识与人类的境遇、命运和幸福关联起来。从教育过程中的主体之间的关系来看，教师和学生之间的主客体关系是动态呈现的，教育过程中活动阶段的不同、任务的变化、学习方式的差异直接引起主客体关系的变化。从时间序列上看，教育的过程具有计划性和规范性、动态性和变化性的双重特征。

教育过程是确定性与不确定性的统一，过程的不确定性并不意味着对确定性的全盘否定和机械排斥。相反，不确定性是对确定性的动态呈现。确定性与不确定性、规范性与开放性、客观性与主观性、科学性与人文性、认知与情感等各种对应状态动态地交织在过程之中，并通过动态的转化和生成实现教育活动的过程价值。

二、初中综合实践活动课程的阶段与价值

(一) 初中综合实践活动课程的阶段

初中综合实践活动课程的学习过程是一种问题解决的学习过程。由于实践的基本过程是情境参与与理解、过程体验与方法、总结反思与感悟，可以把综合实践活动的学习过程分为活动准备、活动实施、活动总结等阶段。各个阶段应有相对明确的活动任务和活动目标。

1．活动准备阶段

活动准备阶段的核心任务是提出问题，确定活动主题，问题的提出和主题的确定旨在培养学生的问题意识，怎样提出问题，如何对问题进行初步分析是学生开展研究性学习的基础。

组建活动小组、制定活动方案是准备阶段的又一重要任务。研究性学习的基本组织形式是小组合作学习。因此，在准备阶段，教师要指导学生组建高效率的研究性学习小组。指导教师要指导学生对自身的兴趣、爱好、特长、优缺点等方面予以深度了解和认识，以便组成研究性学习小组。小组的构成由学生自己协商后确定。为使实践与探究更加深入，允许并鼓励各班之间、不同年级之间甚至不同学校、不同地域之间学生的组合。允许初中学生独立开展活动，完成活动任务。在学生独立完成活动任务后，教师应组织学生积极与他人进行交流与分享。在综合实践活动的实施过程中，也可以根据实际需要，采取全班活动的组织形式。

在组建小组的基础上，由小组成员协商制订切实可行的研究计划，然后制定活动方案，活动方案的制定有助于培养学生的规划意识和能力。

2．实施阶段

活动实施阶段要求学生运用已有的知识技能和经验，尝试运用一定的方法问题解决，在特定实践情境中开展实践活动，通过搜集与处理各种第一手资料和第二手资料，分析与解决问题，开展研究、服务、社会

实践、技术实践等活动，在活动中学习，在活动中发展。

活动实施阶段的教师指导主要包括引导学生在准备工作的基础上进入问题情境，进行研究方法的体验，搜集和分析研究数据，并得出初步的研究结论。

活动实施阶段的教师指导的核心任务是问题解决方法的指导。如调查研究与访问、实验研究与观察、文献搜集与分析、项目设计与创造等方面的指导。任何一种活动方式都应以一定的科学方法、思维方式为基础，指导教师在指导过程中应把方法指导渗透在学生活动的过程中，引导学生经历和体验问题解决的基本科学方法。

3. 总结与交流阶段

总结交流阶段的主要任务是引导学生对活动过程、活动结果、活动体验、活动方法等方面进行总结、交流与反思。在总结与交流的过程中，要注意实事求是、深化体验、提升感悟；活动结果的表达方式应多样化。

活动准备、活动实施和活动总结与交流三个阶段是相对的，要引导学生根据活动过程的实际需要，灵活地开展实践过程。

综合实践活动的实施，一般可采取小组活动和个人活动两种组织形式。小组活动是综合实践活动最基本的组织形式，应鼓励学生以小组合作的形式开展综合实践活动。

（二）初中综合实践活动课程的过程价值

初中综合实践活动是强调过程的教育价值的课程，在初中综合实践活动实施中为什么要关注过程？"关注过程"究竟意味着什么？如何去关注过程？下面从几个内容加以分析。

1. 初中综合实践活动课程的价值就在过程中

初中综合实践活动是一门面向学生生活的实践性课程，其基本目的是引导学生通过实践进行学习，在实践中自主地提出问题，运用已有的知识和经验尝试问题解决，获得丰富的经验，体验问题解决的基本方法，发展实践能力和良好的情感态度及个性。综合实践活动课程为学生的发展提供了一种开放的发展空间和发展机会，这种发展空间和机会是需要学生主动地参与、积极地实践才能把握的。

在学生的实践过程中，他们获得了成败的体验，知道了做任何事情事先都要有明确的目的和计划，成功的喜悦和失败的教训几乎都发生于过程中。

初中综合实践活动课程的目标简要地说，过程本身就是目的的核心要素。学生经历了完整的活动过程，一系列的目标和价值伴随着活动过程的展开得以生成。由于学生自身的认识水平和经验本身的局限性，初中综合实践活动课程的过程价值可能比具体结果更有意义。

2. 初中综合实践活动课程的过程价值

通过活动的具体实施，教师期望学生在实践能力和情感态度等方面获得良好的发展。初中综合实践活动的过程价值具体表现在以下几个方面。

（1）以活动主题为中心，丰富学生的经验和积极参与实践的体验

初中综合实践活动的实施过程是学生以活动主题为中心的经验重组的过程。在活动的过程中，学生个体已有的对自然、对社会、对自我乃至对文化现象的认识和经验都可能受到来自亲历行为和亲历情境中新经验的冲击，或得到矫正，或得到改写，或得到充实。初中综合实践活动课程中经验重组的价值是通过学生的完整、具体而生动的活动环节实现的。从这个意义上来讲，初中在综合实践活动课程的实施过程中，指导教师应引导学生自主地进行经验的积累、总结与反思。

（2）以活动任务为取向，发展学生的实践能力和基本"学力"

实践能力是通过学生自主地运用多样的活动方式和方法，尝试性地解决问题获得发展的。由此来看，综合实践活动的实施过程就是学生围绕活动的任务进行方法实践的过程。综合实践活动对发展学生的基本学习能力具有重要的意义，而意义实现的过程就是综合实践活动过程价值的体现。在活动过程中，学生经历制定活动方案，搜集处理信息，运用调查、考察、实验、设计与制作等解决问题的基本方法，在具体的方法

体验过程中形成自主发展的愿望和能力。另外，学生的问题意识、环保意识、合作意识等思想意识和个性品质也在活动过程中得以发展。

应该说，综合实践活动的过程价值在于体验性目标和生成性目标的实现。体验和生成是综合实践活动课程的过程性价值的核心。在活动过程中，学生所体验的也许是痛苦的、失败的经历或感受，但这对学生的未来发展与成长来说则会产生积极的作用，这种作用往往表现在学生对事物的认识、实践能力和思想意识等方面。

3. 初中综合实践活动课程的关注过程

关注过程是关注学生在活动过程中的体验生成和经验重组，关注学生在活动过程中的实际体验、感受和收获，即关注过程对学生的发展价值。由于综合实践的教育价值集中在活动过程中，因而，在实施过程中，指导教师尤其要注意以下几个方面的基本要求。

第一，让每个学生切实经历活动主题实施的全过程。在活动的准备阶段，引导每个学生自主地关注生活中和学习中的各种现象，从中提出自己感兴趣的问题，从问题到小组的活动主题的提出，应该让学生之间展开充分地讨论和交流，形成共同感兴趣的活动主题。放手让学生自主制定活动方案，通过学生自主制定活动方案，并为活动的展开做好充分合理地准备，发展他们的规划与组织的能力。在活动实施阶段，留给学生自主活动的时间和空间，引导他们在开放的活动情境中实践、体验、感悟。在活动的总结与交流阶段，引导学生有意识地对亲历的行为和活动过程进行全面的反思和总结。学生只有亲历了活动的各个具体环节，才有可能获得丰富多样的实际体验和感悟。

第二，亲历活动情境，体验活动方法，在活动过程中形成认识，提升观念，发展能力。关注过程要求每个学生在活动过程中根据活动主题的需要，完整地运用问题解决的基本方法，获得实际的感受和认识。因而，在活动实施过程中，指导教师应该给予学生亲历实际情境的时间和空间，并要求学生在活动过程中进行及时总结。

第三，保证活动的有效性。在实施综合实践活动过程中，为了保证活动的合理性与有效性，在"关注过程"的同时，必须有"结果"意识，具体内容包括：①学生和指导教师都应有明确而具体的活动目标。综合实践活动是开放性的活动和学习过程，相反，活动的展开应该是具体的、清晰的、目标明确的。在全班学生形成了一个或几个综合活动主题后，指导教师要参与学生设计活动方案、明确活动目标的过程。②对学生进行必要的方法引导，并提供必要的背景知识，保证活动方法的合理性。在活动准备阶段以及实施过程中，指导教师都应有计划地对学生进行指导。如指导学生如何进行调查、如何进行数据整理与分析，如何进行小实验，如何表达与交流等。③活动结果表达的形式多样化。活动结果的表达形式是多样化的，可以是活动报告、研究小论文、设计的产品和方案，也可以是日记。学生活动结束后，应允许学生采取他们喜欢的方式表达活动结果。

过程和结果永远是一对矛盾，关注过程与兼顾结果是一种动态的关系。随着学生年龄的增长、经验的不断丰富以及知识水平和认识能力的发展，初中阶段应增强对活动结果的关注度。当然，无论如何，"关注过程，兼顾结果"的基本原则依然应该坚持。

第二节　初中综合实践活动课程的学习方式

初中综合实践活动的实施应该引导学生在实践中学习，在生活中实践；倡导学生的主动学习、乐于探究、勤于动手；引导学生经历多样化实践学习活动的过程，经历问题探究、问题解决的基本方法和过程。综合实践活动的实施要引导学生开展调查研究与访问、实验研究与观察、技术设计与制作、社会参与与服务、信息搜集与处理等多种实践学习活动，体现学习方式的多样性，初步学会实践学习的方法。可以主要采取三大类实践学习活动：第一类是以研究为主的方法和过程，包括制定方案、调查、访问、观察、实验、统计、信息搜集与处理等。第二类是以社会实践和社区服务活动为主的方法和过程，包括参观、考察、服务、宣传、义务劳动、经济活动等。第三类是以技术实践为主的方法和过程，包括技术实践和劳动实践两大类，具体有设计、制作、研制、种植、养殖、信息发布以及科技小发明、小创造等技术实践，鼓励学生的创新意识。

一、调查研究与访问

调查研究是指为了解某一自然或社会现象而有目的、有计划地搜集被研究对象的信息，借以发现问题或形成结论的研究方法。调查的问题既可以是有关人的，也可以是有关事或物的。

按调查的方式不同，调查活动有座谈会、访问、调查表、问卷、实地考察等形式。调查是运用相当普遍且有效地收集第一手信息的方法，也是综合实践活动课程学习过程中最常用的、最有效的活动方式。在一个主题活动中，可能要经历多次不同方式的调查，有的调查是为了发现问题、确定问题，有的调查是为了形成结论，还有的调查是为了验证活动结果。在中低年级的调查活动中，主要是从看一看、问一问、找一找等比较简单的活动方法入手。随着学生年龄的增长及活动能力的发展，学生采用的调查方式也会变得更理性、更科学、更系统，逐渐接触问卷调查、访谈等调查形式。

（一）调查活动的一般步骤

尽管调查法包括调查表、问卷、访谈等不同的方法，就调查研究的顺序而言，大致可分为以下几个步骤。

1．做好调查前的准备工作

按照目的性、价值性、量力性原则，选定调查的课题，明确调查对象、地点、调查的方法，拟定调查的项目。

2．制订调查计划

调查计划通常包括：调查课题的名称、目的、对象、范围、时间、地点、方式方法；调查步骤和日程安排；调查所需要的人员和分工；调查所需要的经费；调查报告完成的时间。

3．进行试探性调查

做好调查的表格、问卷、访谈提纲等编制工作；做好调查的各种技术、事务和组织准备；培训调查组全体人员在小范围内进行试验性调查，根据试验性调查中出现的问题，进一步完善调查内容。

4．实际调查、搜集资料

运用所选择的调查方式实施调查。搜集资料时，以调查的目的为标准。资料力求全面、系统，同时注意典型性、客观性、真实性。

5．整理调查资料

把搜集到的资料分成两种：一种是叙述性的资料；另一种是数据性的资料。叙述性资料的整理要进行分类，做到条理分明，数据性的资料可用统计图、列表法、图示法等方式进行处理。

6．撰写调查报告

对经过整理后的资料加以分析，探寻其优缺点以及原因，并加以论证和分析，得出结论，提出建议，形成文字调查报告。

（二）问卷调查活动的指导策略

问卷调查是把要调查的项目编制成问题，以问卷或表格的方式发给被调查者，请他们如实填写，然后再回收、整理，通过分析归纳得出调查结论。

问卷调查最大的优点是简便、省时；调查面大、样本多、收效快；由于不署姓名，可以获得开调查会、实地考察、访问等方式不容易获得的某种有价值的资料。

1．指导学生做好问卷调查前的准备

问卷调查是一个严谨而科学的过程，为了使调查工作进行得更有序、有效，教师在问卷调查前，要对学生进行必要的指导，帮助学生确定问卷所针对的课题，分析课题中所包含的问题，并根据问题设置问卷的项目、选择问卷的对象，这些都是决定问卷调查是否能顺利进行的关键。

（1）明确课题，分解成问题，理清问卷调查的项目

问卷调查项目的确定是以问卷所针对的课题为依据的，调查是为了研究，问卷的目的是解决问题，所以，在调查前必须对课题进行进一步的界定。然后分析课题内所包含的问题，再来理清需要调查的项目，明确需要采集的数据与材料的作用。

（2）确定问卷对象

问卷调查的对象一般为有一定数量的人群，对象的选择是依据问卷的内容确定的。

按问卷对象的选择，问卷可分为全面问卷与非全面问卷。全面的问卷将对所有对象进行问卷调查，可以为认识事物的全体与整体提供可靠的依据。非全面问卷的方法比全面调查节省时间与经费。抽样调查是非全面调查的一种方式，为了保证调查结果的客观性，要注意选择抽样的方法。

在准备阶段，还要考虑问卷填写的方式是采取集中填写还是分散填写。

2. 指导学生设计调查问卷

问卷所获得的信息的价值，在很大程度上取决于问卷设计自身的科学性、全面性的程度。要提高问卷的价值，首先要科学地设计问卷。问卷通常由指导语、问题、答案和结束语等部分组成。指导教师要了解有关调查问卷研制的基本方法和技术，指导学生了解和学习调查问卷的基本研制技术。

3. 指导学生进行问卷结果的统计与分析

调查是为了研究，当学生实施了问卷调查之后，指导教师要指导学生了解和学习进行问卷统计和数据整理与分析的基本技术，并从统计与分析中发现问题或得出结论。

（三）访谈活动的指导策略

访谈（又称访问）是调查人员通过与被调查人面对面地交谈了解情

况、搜集资料的一种调查方法。这种方法在社会科学研究中经常被使用。访谈可以个别进行，也可以集体进行（如召集小型的座谈会）；可以是正式的，也可以是非正式的。访谈需要调查人有良好的口头表达能力以及表情和体态的表现能力。

1. 指导学生与受访者交往

随着学生活动区域的不断延伸，社会接触面的增大，调查对象也逐渐由身边的家长、教师、同学扩展到社会各界的人士。要想在访谈活动中获得最可靠的、最有价值的第一手资料，教师不仅应在访谈技巧上对学生进行指导，更重要的是培养学生与访谈对象的交往能力。要做一个受欢迎的访问者，在访谈前必须做好以下工作。

（1）取得被访问人的信任

根据访问内容选择最有可能提供有价值材料的人采访，应考虑被采访人回答问题的能力和意愿。选择好后，要了解被访问人的情况，并根据其情况确定访问方式。

（2）准备访问提纲

访谈前准备好访谈提纲。访谈提纲一般包括时间、地点、采访对象、参加人员、设计的问题、预期的效果等。同时，思考如何发问、询问时应采取什么态度，必要时的备用方案，记录方法和记录重点等，准备充分后再去做。

（3）做好访谈前的必要准备

交谈前要美化个人形象。访问人要注意做到：仪态端庄，口齿清晰，文明，穿着大方得体。访谈时准备好需要的物品，如笔记本、笔、录音机、照相机、摄像机、电池等，如果想录音、照相、摄像的话，一定要事先征得被访者的同意，见面后要有礼貌。先要向调查对象说明来意，要是能博得对方的好感，谈话就能顺利进行了。

2. 指导学生掌握访谈技巧

访谈活动是有一定技巧的，这些技巧的掌握，一方面来自教师的指导，一方面来自学生的访谈经验。

（1）会问

提问的方法要有技巧，要随意，内容一定要紧扣主题。问话要简洁、清晰、围绕主题，对于涉及的一些专业术语、概念，要虚心请教。当谈话渐入佳境时，可以根据当时谈话的内容，适当地插入简短的插话或提问，如果提问有的放矢，就会促使谈话更加生动和深入。虽然采访应该先有分工，但谈话到一定深度时，其他成员也可以适当发言，以促使谈话内容更加丰富。

要尊重被访问者的隐私，对于一些个人的问题要回避。对于关键问题，要有一点打破砂锅问到底的精神，如果对方不愿意谈，不要性急，要有锲而不舍的精神，对自己充满信心而又保持一种平和的心态。

（2）善听

重视交谈技巧。交谈时，目的和主题在自己心中一定要明确。尽量少插嘴，有礼貌地听被访问的人说，不打断，并及时根据谈话的内容归纳并调整问话的方式，用表情和肢体语言表现对对方语言的反馈。同时关注对方的表情，听对方的语气，这些信息中往往含有语言以外的重要内容。特别是对平时不善谈话的人，需要通过观察，解读其想表达的各种信息。

（3）巧记

访谈的记录是宝贵的第一手资料，交谈中，应迅速记下交谈内容。访谈记录也是有一定的技巧的，如果没有学过专业的速记，想在访谈过程中用笔记录下每一句话是不可能的。可以采用记关键词的方式，也可以通过小组的分工合作，实现较为全面完整的记录，如在小组分工中有专人提问，有专人记录，为保证记录的准确性，可以有多个人同时记录。不论采用哪种方式记录，都需要在访谈后对访谈记录进行及时的整理，从中采集到有价值的信息。

3. 指导学生学会表达与交流访谈成果

完成采访活动后，教师应指导学生对所获得的信息进行及时的整理，针对采访的提纲，回放采访过程的录音或录像，汇集个人的记录本，就访谈所涉及的问题进行一一对照，看访谈是否取得了预期的成效。同时，指导学生对访谈过程中所遇到的问题进行反思，及时总结和调整自己的访谈行为，发展学生的调查能力。

学生的访谈成果可采用调查报告的形式进行表达，在与其他同学交流时，如果能够采编访谈过程中的录音、录像或笔录的片段，会使成果表达更生动、形象，使形成的观点更有说服力。

调查报告的要素包括：调查的题目；调查的动机和目的；调查的方法和手段；调查的时间；调查的内容；调查对象的情况；调查结果的统计和数据的分析；调查得出的结论；附录。

二、实验研究与观察

实验是科学研究的重要手段，是科学赖以形成和发展的基础，又是检验科学知识真理性的标准。实验研究法是一种严格的科学研究方法，也是研究性学习的一种基本方法。实验研究法是人们根据一定的研究目的，在人为地控制或模拟自然现象的条件下，通过仪器或其他物质手段，对研究对象进行观察的方法。它主要是为了查明研究现象发生的原因，或者检验某一理论或假说的实际效果；它的最重要的特点是对事物的情况加以适当控制，突出要研究的实验因素，排除一些无关的因素，从而比较准确地探索出事物之间的因果关系，要让学生在研究性学习活动中掌握实验的方法结构，并在实验中养成严谨的科学态度，形成科学的世界观。

(一) 实验研究的目的和内容

在日常生活中，实验研究的目的通常包括：认识对象、描述对象、改造对象。在学校的教学中，实验研究的目的除了上述三个方面之外，还包括培养或训练学生特定的技能。基于这一分析，可以把实验研究活动分为发现型实验研究、描述型实验研究、应用型实验研究、训练型实验研究，下面逐一介绍这几种实验研究的内容。

发现型实验研究是为认识自然现象、社会现象、心理现象、人造事物、符号体系的特点、性质和规律而进行的实验研究活动。描述型实验研究是运用恰当的形式化表达方式描述特定自然现象、心理现象、社会现象、人造事物的实验研究活动。其中的形式化表达方式主要是指具体的实物模型、语言文字、其他符号模型（如数学表达式或程序、图画、音乐、形体动作等）。应用型实验研究是运用有关的知识和技能，通过设计和利用各种人造事物解决具体问题的实验研究活动，包括设计并制作各种物质形态的实物，设计并实施各种非物质形态的制度或方案，设计并培育新的生物品种等。训练型实验研究是为培养某种特定的技能而进行的实验研究活动，涉及操作技能、认知技能、学习技能等。

（二）实验研究法的特点与意义

实验研究法不同于调查研究等方法，它强调通过研究者主动操作和控制变量来得出研究结论，其特点表现在以下三个方面。

第一，变革性。实验法要求实验者主动操纵实验条件，尽量改变实验对象的存在方式、变化过程，使它服从于科学认识的需要。

第二，控制性。科学实验要求实验者根据研究的需要，借助各种方法和技术，减少或消除各种可能影响科学性结果的无关因素的干扰，在简化、纯化的状态下认识研究对象。

第三，因果性。实验以发现、确认事物之间的因果联系为直接目标和主要任务，其本质上是在因果推论逻辑下进行设计与实施的，它是揭示事物之间的因果联系的有效方法。

比起哲学方法，实验将事物间的因果联系以经验的方式表现出来，最终靠事实的说服力以及操作性的实践，以定量的方法证明、确认研究对象的因果联系的客观存在，它保证了研究过程的可重复性、结论的可检验性和认识结果的客观性。

（三）实验研究的基本方法

实验研究的方法根据不同的分类依据有不同的类型，在综合实践活动中，常用的方法包括以下几种。

1. 实验室实验和自然实验研究法

实验室实验是指在实验室通过各种仪器和设备，在人为地制造、控制或改变实验对象的状态和条件下，考察与研究实验对象的一种有目的、有计划的操作或实践活动。

自然实验是在研究对象处于自然环境中和自然状态下对其加以考察的一种实践活动，自然实验的优点是把观察的自然性和实验的主动性结合在一起。

2. 探索性实验与验证性实验研究法

探索性实验是探索研究对象的未知属性、特征以及与其他因素的关系的实验方法。探索性实验的特点就是对研究对象的不了解，或不完全了解，全凭实验者"摸索"和"尝试"，所以探索性实验也称"试验"。

验证性实验是验证某一个理论是否正确的实验。当对研究对象有一定的了解，并形成一定认识或提出某种假说时，就需要用实验证明其正确与否。因此，验证性实验是把研究对象引向深入的重要环节。验证性实验有两种：一种是实验者验证自己提出的某种设想或假说，另一种是对别人提出的某种理论、假说或成果的验证。

实际上，在科学研究的过程中，探索性实验和验证性实验往往是不可分割的。在对研究对象的探索过程中，对未知的研究目标必然要提出假设或猜想并作出预测，只有通过验证性实验证明假设的正确与否，才能得出科学的结论。虽然探索性实验是带有尝试性质的，但仍然是有一定的目标和方向的，只不过验证性实验的目标更具体。

3. 定性实验、定量实验、结构分析实验研究法

定性实验是用来判定实验对象具有哪些性质，某种因素是否存在，某个因素是否起作用，某些因素之间是否具有某种联系，测定某些物质

的定性组成，探讨研究对象具有怎样的内部结构等所进行的实验。定性实验的目的主要在于解决"有没有""是不是"的问题。

定量实验是指为了深入了解物质和自然现象的量的特征，揭示各因素之间的数量关系，确定某些因素的数值等而进行的实验。

定量实验比定性实验具有更大的优越性，表现在定量实验往往能把定性实验的内容包含于自身之中，起到定性分析的作用。从定性到定量，是人类对自然事物的认识不断深化的标志。定量实验与数学方法的结合是现代自然科学进步的显著特征之一。

结构分析实验研究法是用来测定分子、晶体等物质中基本微粒空间排布的一种实验方法。结构分析实验的优点是样品用量少、快速、高选择性和高灵敏度，便于自动记录和控制，研究对象不被破坏等。但所用的仪器较为昂贵，不易推广。

4. 析因实验、比较实验、模拟实验研究法

析因实验是指为了寻找、探索影响某事物的发生和变化过程的主要原因而安排的一种实验，这种实验的特点是结果是已知的，而影响结果的因素特别是主要因素是未知的。

进行析因实验研究要尽可能全面掌握影响结果的各种因素，为此，就要进行详细、周密的调查研究，不放过任何微小的可疑线索。

比较实验研究法是指通过对照或比较研究和揭示对象的某种属性或某种原因的一种实验方法。这种实验要设置两个或两个以上的相似组样，一个是对照组，作为比较的标准，另一个是实验组，通过某种实验步骤，在两组之间判定实验组是否具有某种性质或影响。根据需要又可分为对比比较实验和对照比较实验。对比比较实验是把两个或多个实验对象作相对比较时采用的实验。对照比较实验是把某个未知的事物同一个已知的事物做对比，以便确定某种因素的影响而安排的实验。

模拟实验研究法是指在科学研究中，由于受客观条件的限制，不允许或不能对研究对象进行直接实验，为了取得对研究对象的认识，人们

可以通过模拟的方法，选定研究对象的代替物（即模型），模拟研究对象（即原型）的实际情况，对代替物进行实验的研究方法。

5. "假说—演绎法"中的实验研究方法的运用

"假说—演绎法"是在观察和分析基础上提出问题以后，通过推理和想象提出解释问题的假说，根据假说进行演绎推理，再通过实验检验演绎推理的结论。如果实验结果与预期结论相符，就证明假说是正确的，反之，则证明假说是错误的。

(四) 实验研究的结构

1. 实验假设定义

实验研究的假设就是根据一定的科学知识和新的科学事实对所研究的问题的规律或原因做出的一种推测性论断和假定性解释，是在进行研究之前预先设想的、暂定的理论或结果，或者叫期待的结果。

事实上，实验假设就是所研究的问题的暂时答案。因为，通过对周围事物的观察，学生会产生一些疑问，进而对这些疑问进行思考，然后，学生会根据自己的理解，或查阅有关资料，或请教有关专家，提出假设，对所提出的问题给出一种临时性回答。

2. 实验假设中的常量与变量

在用实验验证某一假设时，常常需要涉及两个量，它们就是常量与变量。常量是在自然科学问题的讨论过程中或在某些条件下，保持不变的量。例如，圆周率 $\pi \approx 3.14159$ 就是常量。而在社会科学研究中，常量是一个研究中所有个体都具有的特征和条件。

变量指在自然科学问题的讨论中，可以取不同数值的量。例如，物体运动所用的时间就是一个变量。引进变量的概念，就有可能用数学方法描述事物的量的变化。在社会科学研究中，变量是指不同的个体具有不同的价值或条件的特征。例如，在研究两种不同的教学方法对初一年级学生成绩的影响时，因为不可能每个学生的分数都相同，所以在这次成绩测量中，分数就是一个变量。在这项研究中，教学方法也是一个变量，它包括两种教学方法。

变量又分自变量、因变量和无关变量。因变量随着自变量的改变而改变。例如，进行匀速运动的物体，运动时间是自变量，运动距离是因变量。而在社会科学研究中，自变量常常是一个分类变量。例如，就学习方法和学生成绩而言，学习方法是一个自变量，而学生成绩是因变量。不同的学习方法可能会导致不同的成绩。成绩是随着学习方法的不同而发生变化的，所以，后者取决于前者。无关变量泛指除自变量以外一切可能影响变量数值而对研究可能起干扰作用的因素，又称控制变量。由于它对研究结果将产生影响，所以要在研究过程中加以控制使其基本保持不变。

要有效地操纵实验变量，努力控制和排除无关变量，尽量降低测量误差，以提高实验的效果。

3. 实验中的观察

观察法是人们有目的、有计划地通过感官和辅助仪器对处于自然状态下的客观事物进行系统考察，从而获取经验事实的一种科学研究方法。

（1）观察法的步骤

一般来说，观察法包括以下几个步骤。

第一，明确观察目的。观察目的是根据研究任务和观察对象的特点确定的。为了明确观察目的，学生应做概略地调查和试探性观察。这样做是要掌握一些基本情况、了解观察对象的特点，以便确定观察的目的是要获得什么材料、弄清什么问题，然后确定观察范围，选定观察重点，具体计划观察的步骤。

第二，确定观察计划的基本格式。当活动主题确定后，可根据观察的全面性和可重复性确定观察的内容，并通过表格等形式对拟观察的内容及进程做好安排，制订观察的计划。观察时要明确观察的目的、内容、对象、时间、地点、方式、观察时使用的仪器、观察时要搜集的资料和观察材料的记录方法。更重要的是，计划要结合具体主题活动进行。

第三，选择观察法的观察方式。一般有两种：一种是观察者作为一个旁观者，冷静地观察现场所发生的各种情况；另一种是观察者作为一个参与者参与到现场的活动之中，身临其境地进行观察。

（2）观察法的内容

因研究的专题不同，所观察的内容也略有不同，但下面几个方面总是不可缺少的。

一是情境。人物和动植物的活动、事件的发生都与情境有很大的关系，有些事件或活动恰好是在特定的情境下才会发生。因此，对情境的观察首先要引起重视。

二是对象。一般为人物和动植物，或某种相关现象。例如，在各种各样的市场活动中，人是行为的主体，任何事件的发生都离不开人，因此，对人物的观察是观察者最主要的工作。观察人物时，要注意他们的身份、年龄、性别、外表形象、人数、人与人之间的相互关系等。

三是行为。观察对象的各种行为。例如，观察人物的各种行为活动，包括言语、表情、姿态、动作、动作过程以及行为如何引起、行为的趋向、行为的目标、行为的性质、行为的内容细节等。

四是频率和持续期。这包括观察事件发生或对象及其动作重复出现的时间、频率、延续时间等。

（3）观察过程中要注意的问题

在前期工作准备充分后，可以按照计划实施观察。在观察过程中力求按计划完成所确定的内容，当具体操作过程中出现未考虑到的因素时，应对计划做适当的调整，对观察到的现象应予以及时、客观地记录。学生在进行观察时要注意将一切可能对研究产生影响的现象都记录下来。同时，在观察过程中要注意以下几个方面的问题。

第一，观察要有序。有序即时间或空间的先后次序。按时间顺序观察，多适用于动态观察。如观察日出、动植物生长过程、小实验、运动会等，就是按事物发展变化的时间先后顺序进行观察。按空间顺序观察，多适用于静态观察。如观察丰收的田野、初冬、雪后的原野、百货商场、语音室等，可由近及远、从上到下、从左到右进行观察。

第二，观察要进行比较。观察事物要想发现差异、抓住特征、深入本质，就应该学会运用比较的方法。最常用的方法有纵比和横比两种。纵比是对同一事物在发生、发展过程中的不同阶段做比较；横比是对相类似的两个以上的事物进行比较。

第三，观察要启发想象。事物之间存在种种联系，在观察过程中，要边看边想，运用已有的知识和生活经验，调动积累的词汇和语言表达方式，由此及彼、由表及里地进行思索、分析与比较，这样就能丰富观察者的想象力，对事物产生新的体验和感受，在头脑中留下鲜明生动的形象。

第四，要注意观察的记录方法。对观察的现象、内容进行记录是观察工作的一部分。最佳的记录方法是边观察边记录，这样能够及时地把观察到的内容详尽地记录下来。为了保证记录结果客观、准确，可以在观察记录的同时，用录音机或摄像机加以记录，以备日后查证或补充文字记录的不足。此外，还可以同时由两个观察者共同观察记录，或由一个助手协助主要观察者做记录，然后把两份记录相互对照，取长补短，使记录更为完整、准确。为了使记录较为方便，可事先根据研究目的和观察内容设计一些记录表，将观察中可能出现的现象、行为等列入表格中。这样就可以减少观察记录的数量。

（五）实验研究法的基本步骤

实验法是一种比较严格的科学研究方法，也是课题研究学习的一种基本方法，它的全过程分为以下几个步骤。

1. 实验的准备阶段

这个阶段应该做好的工作包括：选择实验的问题→决定试验的形

式→选定实验的对象→选定实验因子→确定实验的时间→准备测量的器材→制订实验的计划。

2. 实验的实施阶段

这个阶段应该做好的工作包括：按实验计划进行实验→采取措施严格控制实验→记录实验的数据和资料等。实验者必须把实验经过详细清晰地逐日记载，写成实验日记，作为整理结果时的参考。

3. 实验的总结阶段

该阶段包括两部分：一是让学生自己动手写实验报告；二是教师根据实验和实验报告中存在的普遍问题，在全班进行讲评，可以引导学生分析实验误差产生的原因，也可以与学生共同对实验结果进行讨论。

三、技术设计与制作活动

技术设计与制作活动体现了综合实践活动操作性的学习特征，它不同于课题探究学习的观察、调查、实验与文献组织，它要求学生在综合应用所学习的知识和技能的基础上进行解决问题的实际操作，由学生设计某一系统、物品、活动等，并进行适当的制作。

技术设计与制作活动以活动项目（主题）为载体，学生通过亲身经历设计与制作的过程进行技术或劳动实践，获得积极的实践体验，形成良好的技术素养。在设计与制作活动中，教师要关注学生动手与动脑的结合，心智技能与动作技能的结合，重视在"做中学"和在"学中做"，实现技术规范的学习与创新意识和实践能力培养的统一。

随着学生生活阅历的增长，学习经验的丰富，自主意识的增强，动手能力的不断提高，已经初步形成进行简单设计与制作的技能，并且具有通过自己的动手实践，改进自身的学习与生活状态的强烈欲望。学生的设计与制作活动包括：设计或改进一项产品（如少儿拖把、无尘粉笔擦、校园内的警语标识等），并运用于学习生活中；设计与改进某一个系统（如建设班级网页、设计或管理班级图书角、制定教室布置方案等），并创造出实施的方法；设计并组织一项活动（如设计或实施学校或班级的节日庆祝活动、年级足球联赛等）。教师如何指导学生选择设计与制作的项目？如何才能实现学生学习过程中手与脑的统一？怎样让学生在设计与制作活动中对现代技术有所认识与运用？具体可以从以下几个方面进行。

（一）指导学生寻找设计与制作思路的策略

1．激发学生的创造性思维

设计与制作活动的原动力来自生活，设计与制作活动的起点仍是生活中的问题，解决生活中的问题使设计与制作活动成为一个任务驱动的过程。教师要引导学生观察生活中的现象，发现生活中需要改进的问题，这不仅是学生观察与思考能力的反映，更有助于学生养成热爱生活、主动参与生活的积极态度。

进行设计与制作活动能够有效地开发学生的创造潜力，促使学生创造性地解决生活当中所遇到的问题，从而产生一些有价值的小设计和小发明。在设计与制作活动中，教师要为学生营造创造性思维氛围；小心呵护初中生的好奇心和求知欲；培养学生的独创性思维；尽量引导学生突破思维定势的约束，推陈出新，不落俗套；尊重学生不同寻常的提问、想法；"大胆设想、小心求证"，关注学生的操作能力的发展。

2．动脑与动手的统一

设计与制作活动的意义在于学生通过接触具体事物，在有结构和规律的真实世界中操作，动脑与动手相结合。设计与制作活动在综合实践活动中，有的是作为一个独立的主题活动的形式出现的，如"自行车拖车的设计"等。有的设计与制作活动存在于其他形式的主题活动中，作为主题活动的一个部分或一个阶段，例如：尽管"关于一次性筷子的研究"是一个典型的课题探究活动，但在活动后期，学生进行了一次性筷子工艺品的设计与制作活动；在"节水行动"的主题活动中，学生设计与制作各种节水用具。

无论是作为一个独立主题实施的设计与制作活动,还是作为其他类型主题一部分的设计与制作活动,其一般过程为:确定要解决的实际问题;提出问题解决的措施,制订活动计划;搜集信息;制定设计与制作方案;进行设计、制作;进行活动的总结与评价。从这个过程中可以发现,设计与制作活动不仅涉及设计和制作两个过程,还包括许多要素,如提问、调查、观察、交流、分析、综合、想象、验证等,这些活动要素贯穿设计与制作活动的过程中,形成一个整体,体现出设计与制作过程中手脑结合的特点。在主题活动中,教师要尽可能地为学生创造机会,让学生将自己的设想通过设计与制作活动转化为现实。

(二)指导学生经历设计与制作的策略

1. 制订设计与制作计划

因为设计与制作活动包含了调查、观察、分析以及设计与制作等多种因素,为了增强活动的针对性,在设计与制作项目确定后,需要指导学生对整个活动进行策划与安排,形成初步的活动计划。这个计划包括:活动的主题或设计与制作的名称;创意合理性的论证;拟订判断设计与制作活动成功的标准;考虑所需要的材料和工具;确定具体的制作步骤或时间表等基本要素。

计划是预设性的,反映了学生在活动前的思考,通过制订计划,学生理清了设计与制作的思路。应用学习的目的是让学生将学到的东西应用到工作中去。有些问题可能会出现在活动实施的过程中,计划只是活动的蓝本,其中的每一项都需要落实在做的过程中,并需要在活动过程中对其进行调整。

2. 强调多学科知识的运用

设计与制作活动以及劳动技术教育领域结合紧密,是一个综合性强的操作性学习活动。在设计与制作活动的过程中,学生往往需要调用多学科的知识,这为学生学科知识的学以致用提供了机会。

在指导学生选择设计与制作的项目时,教师要考虑学生当前所具备的知识与技能是否能够完成某一项目。在设计与制作活动的指导中，多学科教师的团队协作显得尤为重要，指导教师在学生遇到困难时，要注意提醒学生回顾以往所学的各学科知识，用学科知识解决遇到的难题，也可以求助于相关学科的教师或相关方面的专家。

3．感受技术的魅力

教师要引导学生积极参与技术实践，掌握一些基本的技术知识与技能。包括认识日常生活和周围环境中的常见材料，学会使用一些基本的工具；通过简单的工艺品或技术作品的设计与制作实践，了解设计、制作及评价的一般过程和简单方法；或者了解作物生长和农副产品生产与销售的一般过程，掌握一些简单种植或饲养的一般方法。

教师要激发学生学习技术的兴趣，初步形成从事简单技术活动和进行简单的技术探究的基本能力。包括：关注身边的技术问题，形成亲近技术的情感，具有初步的技术意识；能够安全而有责任心地参加技术活动，初步具有与他人进行技术方面合作与交流的态度与能力；通过体验和探究，学会进行简单的技术学习，初步形成科学的态度及技术创新的意识，具有初步的技术探究能力；初步形成与技术相联系的经济意识、质量意识、环保意识、安全意识、审美意识以及关心当地经济建设的意识。

四、文献搜集与处理活动

广义的文献指文字记载的资料。文献研究法是指搜集、鉴别、整理文献，从而找出事物本质属性的一种研究方法。文献的搜集、加工、处理和利用，是学生进行研究性学习及其他实践活动的重要内容与方式。

在确定一个主题时，查阅与主题相关的资料，可以帮助学生弄清这到底是一个什么问题，了解别人类似的研究活动开展的方式以及主题是否可行。在活动过程中，同样要查阅文献，以证实学生的设想，同时，学生可以通过文献了解并借鉴别人的方法，或者从别人的思路和方法中获得启示，从而发展并形成自己的新的思路与方法。在总结与交流时，一方面文献资料会让学生的观点或答案更有说服力，另一方面通过搜集与查阅文献，学生的视野会更开阔，学生会惊讶于自己的发现，可能会酝酿出新的主题。如何指导学生理性地科学地进行文献的搜集、加工、处理和利用呢？具体可分为以下几个方面。

（一）有的放矢：指导学生明确文献资料查找的方向

信息资料可谓浩如烟海，要想在其中找到自己所需要的信息，而又不迷失其中，先要有明确的方向感。有的放矢即懂得哪些文献是可靠的，哪些文献会让查找更加便捷，能在哪里找到所需要的文献，在活动中哪些问题适合使用文献研究法。这些方面的能力将在学生一生的研究中起到重要的作用，而这种能力习得的过程需要教师的精心指导。

1. 引导学生了解文献资料

文献的种类多样。根据文献的详略可以分为三个层级。

一次文献：包括图书、期刊、论文、调查报告、会议记录、实验报告，是实践的记录与总结，具有原创性。在活动中学生查找最多的可能是图书和报刊，如名著、一般性专著、教科书、手册、报纸、科普读物、辞典、百科全书、年鉴等。

二次文献：是由一次文献提炼出来的，如目录、题录、索引、文摘等。二次文献只是为研究者提供检索的方便，使学生能更快地找到所要的东西。

三次文献：是在二次文献的基础上检索、筛选、综合分析而成的，如综述与述评。

文献信息的载体包括印刷品、录像带、光盘数据库、因特网等，光盘数据库、因特网已经成为新一代的信息资源，从中可以更方便地获得所需要的信息。尤其是近年来网络技术飞速发展，互联网逐渐成为跨时空的信息中心，但网络提供的信息往往十分庞杂，更需要学生具有敏锐的判断能力。

2. 帮助学生了解图书馆的使用方法

可供学生查阅资料的地方很多，如省、市、区、校的图书馆、文史馆、档案馆等，在图书馆查资料需要办一个借书证，而到其他地方需要带一封介绍信。有些资料可以找相关部门索取，如了解城市规划可以找市计委、市规划办，了解城市给水和用水情况可以找市节水办公室，城市交通状况方面的资料可以到市交通局了解，等等。当然，还可以向个人借阅。博物馆、展览馆、商场都可以成为资料收集的场所，上网也是一个好办法，只要掌握了一定的搜索方法，输入关键字，运用搜索引擎，很快就能找到许多相关的信息。

(二) 按图索骥：为学生提供参考书目

文献查询前的一些必要准备，将使文献查询更理性、更具方向感。

1. 资料列表

哪些问题适合用文献研究法呢？并不是所有的问题都适合用文献研究法，所以在查阅前需要对主题进行分析，看看主题下包含哪些问题，以确定需要查询的信息是某一数据、概念，还是某一事件或观点等。将所需要的资料进行列举，这样在进入查找现场时，就会迅速在庞杂的资料中找到自己所需的内容。

2. 教师提供参考书目

为了便于学生查找资料，指导教师可为学生提供相关的参考书目。

(三) 取舍得当：指导学生进行文献资料的处理

1. 为文献资料排序、编目，制作文献卡片

要从搜集到的大量文献中摄取有用的资料，就必须对文献做一番去粗取精、去伪存真、由表及里的处理工作。主要包括：去除假材料，去掉重复、过时的资料，保留那些全面、完整、深刻和正确阐明所要研究问题的有关资料以及含有新观点、新材料的资料，但对孤证材料要特别慎重。

如果搜集到的资料比较多，还需要对资料进行分类、排序与编目。

为了保证今后进行研究时查阅的方便，一般采用首字母开头的方式进行编目。每一条目上一般要写出该文献的出处，包括作者、书名、出版社、出版日期、在何处查阅等。

用卡片的形式进行文献目录的登记，能方便快速查找。

2. 指导学生掌握对有用的信息进行记录的基本方法

在对文献资料进行了初步的整理后，接下来的工作就是对文献的阅读、消化并将有用的信息记录下来，实际上就是对文献进行精加工的过程。教师需要指导学生掌握一定的阅读记录的技术，记录资料实际上就是做读书笔记。至于用什么方法进行记录，取决于资料的类型、性质、用途以及个人的阅读习惯等。基本的记录方法主要有：写批语、做记号、做摘录、写提要、做札记、写综述等。

写批语。就是在所读文章的空白处写上自己的思考、见解、评语、解释或质疑等，这种方法有利于激活学生的思维，提高阅读的注意力。

做记号。就是对文献中的重点、难点、精彩之处或自己感兴趣的内容画上各种符号，如直线、双线、曲线、各色的线条、圆圈、括号、着重号、问号、感叹号等。

以上两种记录方法有一定的适用范围，只能用于属于自己的资料上，不可用在从别人或图书馆借来的资料上，这也是一种阅读道德问题。下面的技术则具有普遍适用性。

做摘录。对于那些整篇只有几段话有参考价值的文献，做摘录就很有效。摘录就是要记下原文的重要处、精彩处的内容，以作为今后写作时论证或引证的依据。一般来说，做摘录要求尽可能忠于原文，此外，还要标明出处，包括书名或论文题目、作者姓名、出版单位、版本、出版时间、页码等，而且要查对无误。

写提要。就是对包含各种信息的文献资料进行总结。即把原文的基本内容、主题思想、观点、独到之处或其他数据和信息，用自己的话加以概括（引用原文也可）。写提要时必须注意所概括的内容一定要忠于原文作者的观点，可以在最后加上一些自己的点评或见解。

做札记。就是在笔记本上随时记下自己读书时的心得体会和各种想法以及日常生活中产生的"智慧的火花"。做札记不求形式，可以在任何时候随意记录下自己在阅读时引发的联想，有时甚至寥寥几个字，可能就是日后研究的新颖的思路与观点。

写综述。就是汇总查找的某一类别的资料，然后进行加工处理，形成自己的结构体系，写成报告的形式。每一份综述实际上就是一项研究的报告，一开始学习写综述的时候，可以写简单些，不必求全。

以上几种做笔记的方法，除了写批语、做记号外，其余都可写在本子上，但笔记本不太便于资料的归类、整理和使用。因此，很多学者主张使用卡片对文献情况进行记录。卡片的长处在于便于保存、携带、分类、查找和使用。卡片纸要大小一致，每一张卡片一般只记录一个事例或一个问题，而且每张卡片上的内容要有原始出处。卡片上一般应该有卡片记录者信息、被阅读文献信息、原文摘录栏、提要栏、札记栏，也可以将提要写在文献目录卡片的背面。

第三章 初中综合实践活动课程中的教师与学生

第一节 初中综合实践活动课程实施中教师的作用

基础教育课程改革强烈要求教师具有课程意识，而初中综合实践活动则更需要教师具有自己对课程的理解，具备课程开发的意识和能力。

一、初中综合实践活动呼唤教师的课程意识

课程意识是教师的一种基本专业意识，属于教师在教育领域的社会意识范畴。教育活动系统是由教育目标系统、课程系统、教学系统和管理与评价系统构成的，教师要合理地展开教育活动，需要对四大基本系统形成完整清晰的观念和认识。其中，教师对课程系统的理解与把握乃至创造的程度，反映了教师的课程意识状况和课程建设能力水平。

作为一种特定形态的社会意识，课程意识是教师对课程系统的基本认识是对课程设计与实施的基本反映。它包括教师对课程本质、课程结构与功能、特定课程的性质与价值、课程目标、课程内容、课程的学习活动方式、课程评价以及课程设计与课程实施等的基本看法、核心理念以及在课程实施中的指导思想。课程意识作为对课程存在的反映，其基本形式是观念层面的，它在本质上就是教师教育行为中或明确或隐含的"课程哲学"。这里所说的"课程哲学"是指一种意识形态。"课程哲学"作为课程意识的表现形态，必然包括教师在教育行为过程中的课程观与课程方法论（相当于在课程实践中特定的世界观和方法论）。因此可以说，教师的课程意识是以课程观为核心形成的、对教育活动体系中课程

系统的一种整体认识，是教师的"课程哲学"，是课程实施过程中的课程观与方法论。

明确的课程意识支配着教师的教育理念、教育行为方式、教师角色乃至教师在教育中的存在方式与生活方式。具有课程意识的教师以自己对课程的独特理解为基础，从目标、课程、教学、评价等维度整体规划教育活动和行为方式，从而成为课程的动态生成者。因此可以说，课程意识意味着"教师即课程"，教师是课程的动态构建者、课程的生成者。

教师的课程意识是以课程观为核心而形成的一系列意识，一般来说，教师的课程意识包含以下基本构成。

（一）主体意识

鲜明的课程意识强调教师时刻把自己和学生看作课程的主体，把自己和学生置于课程之中。主体意识是课程意识的基本构成之一，这是由课程的本质特征决定的。从课程实施的角度来看，课程在本质上是一种"反思性实践"。反思性实践是一种创造意义的过程，是师生共同参与的、在特定的社会性环境和文化环境下重建意义结构的过程。因此，课程意识的基本构成是主体意识。它内在地包含着两个不可或缺的方面。

第一，学生是课程的主体。这一方面是指学生的现实生活和可能生活是课程的依据，另一方面是指发挥学生在课程实施中的能动性，学生创造着课程。课程本身具有"过程"和"发展"的含义，学生在课程之中，意味着学生通过与被称为课程的东西进行对话，才能发生素质的变化和发展，才能引起学生反思现实的生活方式，并努力建立一种合理的可能生活方式，从而学生成为课程的主体。从表层看，课程是由特定的社会成员设计的，但从深层上看，课程是由学生创造的。课程不完全是设计者预设的发展路径，学生也不是完全地通过对成人生活方式的复制成长的。因此，应发挥学生对课程的批判能力和建构能力的作用。

第二，教师是课程的主体。一方面是指教师是课程实施的主体，另一方面是指教师是课程的创造者和开发者，"教师即课程"。教师在课程实施过程中，时刻用自己独到的眼光理解和体验课程，时刻将自己独特的人生履历和人生体验渗透在课程实施过程之中，并创造生动的经验，这些经验是课程的一部分，从此意义上说，教师不仅是课程的创造者和开发者，而且教师本身就是课程的内在要素之一。教师作为课程的主体，意味着对教师专业权利的尊重。

主体意识一方面要求教师在课程实施过程中时刻把学生放在首位，一切从学生需要出发，从学生的实际出发，从学生的发展出发，根据学生主体发展的要求，选择课程内容，处理课程内容，变革学习方式；另一方面，要求教师发挥专业自主权，将自己有益的人生体验和感悟、独特的价值经验有机地融入课程内容之中，并且不断地创造课程实施的新经验，探索有效的教育教学策略。

（二）生成意识

鲜明的课程意识要求教师将课程视为一种动态生成的教育要素。课程是可以预设的，但课程的发展价值并不是一旦预设，就能够完全实现。课程内在的价值需要师生在课程实施过程中，在与特定的自然环境、社会环境、文化环境的能动作用中才能实现。课程的生成意识要求教师突出以下基本行为。

第一，对预设课程的批判与创造。课程首先是预设的，是教育管理部门、学科专家、课程专家、课程审议者等以对学生和社会的研究为基础设计开发而成的。教师在课程实施过程中，面临的基本任务是理解和把握预设课程的基本规范和普遍要求。但由于课程设计者预设的课程是以对学生和社会的普遍性研究与一般特征的把握为基础的，因而，预设的课程不可能规定具体情境下的课程实施，它的规范也只能是一般意义上的要求。因此，教师在课程实施过程中完全有空间和可能对预设的课程进行"再生产"，即对课程目标具体化，对课程内容进行选择、拓展、补充、增删，对学习方式进行创造性设计，甚至对预设课程中不合理的方面进行批判，在批判的基础上重建课程。

第二，课程意义的动态生成与重建。任何完善的课程目标和课程价值都是在课程实施过程中逐步实现的，可以说，课程的意义和价值是动态生成的。预设的课程目标只有在课程展开的过程中，在师生互动、师生与环境的能动作用中才能实现，这也是同一课程在不同的课堂中产生不同的效果的原因之一。因此，教师把握课程的不同维度的目标，结合特定的教育情境，联系学生经验和社会实际，动态地生成课程价值就显得十分重要。在课程目标实现的过程中，教师有时还需要根据学生的发展实际，重建课程对学生发展的意义。

鲜明的课程生成意识要求教师完整地把握知识与技能、过程与方法、情感态度与价值观等不同维度的课程目标，注重结合教材和学生实际，对课程目标做精细分解与设计，并时刻关注课程目标的达到程度和学生发展状态。更重要的是，教师要为课程目标的实现不断地对预设课程创造性地进行处理，为学生主动发展留下足够的发展空间。

（三）资源意识

任何课程实施都需要利用和开发大量的课程资源。可以说，教师的课程意识的强弱，往往集中地表现在教师对待教材的态度与处理教材的方式上。强烈地课程的资源意识要求教师具有以下基本教育行为方式。

第一，创造性地利用教材。教师如何看待教材，如何利用教材，首先取决于教师的教材观。具备鲜明课程意识的教师，仅仅把教材看作师生对话的"话题"，一个引子，或者一个案例，教材不是课程的全部。在对教材的处理方式上，具有课程意识的教师善于结合学生的实际，联系学生经验和社会实际。

第二，利用与开发多种课程资源。课程资源的重要价值在于为学生的发展提供多种发展机会、发展条件、发展时空和发展途径。课程资源开发不仅仅是课程设计者的任务，也是教师的重要职责。因此，鲜明的课程意识要求教师利用与开发各种教材以外的文本性课程资源、非文本性课程资源，为课程价值的实现、为学生的发展提供多样的可能的平台。

初中综合实践活动课程是新一轮基础教育课程改革中初中教师面临的新课题。综合实践活动课程作为一门经验性、实践性、综合性以及三级管理的课程，具有强烈的生成性特征。可以说，综合实践活动课程的设计与实施比任何一门课程都更强调教师的课程意识。

二、教师在初中综合实践活动课程中的地位

初中综合实践活动是一门综合课程，是一门实践性课程，更是一门以直接经验获得为主的课程，它与以间接经验获得为主的学科课程（或分科课程）不同。学科课程主要让学生学习前人已经经历过且已经抽象化、概括化的经验，学生并没有前人同样的经历和时代背景。因而，不可能直接获得前人的经验，需要通过教师的教和其他教育中介的帮助才能间接认识和接受前人的经验。因而，在学科课程中，教师的"教"是一种很重要的知识传授方式。而综合实践活动课程主张学生通过亲身体验获得对客观事物和自己的生活的感知与直接认识，它更注重学生的个人感悟与个性化知识的发展，强调学生的个性化发展。

（一）教师在综合实践活动课程中的角色

"角色"成为社会心理学中的一个重要的概念，指一个人在社会中由于占据一定的地位而表现的态度与行为模式的总和，教师在课程中所扮演的角色直接影响着课程的性质和课程实施的质量。认识在这一课程形态中的教师角色将有助于更好地发挥教师的作用。

在综合实践活动中，教师是学生活动的引导者、组织者、参与者、管理者、协调者、评价者、研制者和开发者，有时甚至可以是学生活动的旁观者。

1. 知识传授者

教师的基本职责是向学生传递人类积累的文化科学知识，并适时地进行思想品德教育，使学生成长为社会需要的人。传递知识是教师这一职业产生的最直接的原因，无论科技如何发展，社会如何进步，只要存在教师这种职业，知识传授者的角色就是无法改变的。需要改变的是对知识传授者这一角色的正确认识。现在仍然强调教师作为知识传授者这一角色的重要性，是从根本上要求教师将程序性知识、方法策略性知识

传递给学生。在综合实践活动中，常常需要教师担任知识传授者的角色：当学生对某个概念不理解时，需要教师的讲解；当学生不会某种技术操作或操作不规范时，需要教师的示范；尤其是当学生可能需要处理各种社会情境中的人际关系时，更需要教师在活动前给予示范和提醒；活动的基本要求、基本社会规范或法律常识等都是需要教师的"传授"的。当然在综合实践活动中，教师所"传授"的主要是方法性知识和规范性知识，这与分科教学中的学科知识教学是有很大区别的。

2. 引导者、组织者和参与者

引导者是综合实践活动教师担任的最重要的角色，这是因为综合实践活动是以学生为主体开展的活动，整个活动从设计到实施都是以学生学习为中心进行的，教师在活动中的指引作用非常重要，指引得当与否直接影响师生在活动中的关系，也直接影响活动的结果。学生在活动的方式上主要以实践探究活动的形式进行学习，在方法、内容的选择和组织上都会有一些困难，教师有必要进行引导，帮助学生在探索、研究中把握方向，沿着既定的活动目标开展活动，获得学习。

综合实践活动的开展有一定的活动规则，是一个有组织的过程，教师有责任对活动的组织进行总体规划，全盘考虑活动中可能出现的各种影响因素，有计划地引导学生开展活动。因而，组织者的角色是教师在开展教学活动时必须担当的一种角色。

在综合实践活动中，活动的开展常常会产生许多新问题、新主题、新环节、新情境，因此需要教师直接参与活动，在活动中对学生进行指导；同时，教师与学生共同参与综合实践活动，既可以帮助教师对学生的个性特长、思想状况和社会背景有更深入的了解，也有利于教师与学生之间的交流和沟通，有利于塑造民主、合作、平等的师生关系，还有助于教师自身的发展。

3. 管理者、协调者和评价者

学校教育中的教师负有管理学生、保证学生生命安全的法律责任。

在综合实践活动中，教师既要对活动进行组织管理，还应对学生开展的社区服务、社会实践和校外调查等容易发生安全事故的活动进行有效的管理，对学生在活动中的交际言行进行指导，确保教学活动的顺利实施。

综合实践活动不仅在活动时间上灵活性强、周期长，而且在活动空间上较为开放，面临的交际情境常常非常复杂，需要协调各种人际关系，尤其需要教师主动地为学生开展综合实践活动创造有利的环境，积极协调学生、学校与家长的关系，协调教师间的关系，协调社会有关部门、机构与学生活动的关系，为学生开展实践性学习创设良好的外部环境和课程资源。因而，协调者的角色是担负综合实践活动指导职责的教师所特有的。

评价者的角色在任何课程中都是不可缺少的。作为评价者，教师不仅要对学生的活动进行全程性的评价，而且应慎重使用评价用语，应善于运用积极激励的语言评价学生的活动，对不同的学生能用不同的语言和行为进行评价。作为评价者，教师还应对自己参与活动的表现进行评价，不断反思自己在活动中的成败得失。作为评价者，教师的评价应该客观、公正、公平且能促进活动的开展。

4. 研制者和开发者

综合实践活动课程组织开展教学活动时，教师引导学生开展的活动是没有直接现成的模式和步骤的，但教师还必须完成促进学生发展的教育任务。这就需要教师积极主动地参与课程开发与研制，结合各地特色，与学生一起自主地选择活动主题和内容，确定活动开展的方式和途径，研制适合学生能力的活动，开发适合综合实践活动实施的课程资源，承担综合实践活动的课程研制者和资源开发者的角色。

(二) 教师的作用

综合实践活动课程呈现出的综合性、实践性、开放性、自主性等特点决定了传统的单一知识传授者的教师角色显然是不适合的。从综合实践活动的独特性来看，教师的作用主要表现在以下几个方面。

1. 激发和维护学生参与实践学习的主动性和积极性

综合实践活动课程作为一种新的课程形态，要求学生在学习行为和学习方式上作根本的转变，要实现这种转变，必然会遇到挫折和困难，这就需要教师用各种适当的方式给予学生心理上的安慰和精神上的鼓舞，激发并保护学生自主学习、自主探求的热情和精神；同时，要创造有利于学生的探索活动的情境，营造一个让学生有安全感的学习氛围，让学生敢于不断思考，不断行动。

2. 开发课程资源

综合实践活动课程关注的是学生关心什么、对什么感兴趣，强调课程内容要与学生的生活经验、学生身边的世界相结合。综合实践活动课程资源非常宽泛，这就需要教师应善于开发课程资源。

3. 组织和指导学生活动

综合实践活动课程是一门开放性的课程，学生需要了解社会，了解自然，他们或在校园，或在社区，或在图书馆……活动人员的组成、活动方式、活动地点都是灵活多变的，因此，特别需要强调组织管理。作为教师，要让课程正常进行，必须做好组织者和管理者的工作。一是要组织学生组成合理有效的活动小组，并使小组成员能合理分工，责任明确。二是要引导学生建立小组活动制度，促进学生自我管理。三是要检查监督学生活动情况。不少教师都给学生制定了活动记录表，让学生每次活动都要填写活动内容、地点、时间、人员等。四是要与相关部门和人员协调，让学生活动能有宽松的环境，能充分利用各种课程资源。

在综合实践活动课程中，教师这一角色的含义与其他学科有不同之处。根据教师对学生活动的介入程度，要求教师做到积极地旁观，恰当地点拨，适度地参与。

（1）积极地旁观

综合实践活动课程注重学生的自主探索和亲身体验，教师要尊重并保证学生的主体地位，做好一个旁观者。一个好的旁观者在学生活动时要积极地看，积极地听，尽量掌握学生的各种情况，以保证能够对学生作出评价；同时，在集体性的活动（如研究成果报告会等）中，教师要对学生讨论的问题保持中立的态度。

（2）适当地点拨

综合实践活动是一门课程，也可以进行一些适度的点拨。在这一课程中，从活动项目或课题的选择，到活动、研究的过程及成果的总结，都有需要教师点拨的地方，但教师的作用在于创设学生发现问题的情境，引导学生从问题情境中选择适合自己的探究课程；让学生学会相关的学习方法和研究方法，引导学生找到适合自己的学习方式和探索方式；提升学生思维，激发学生热情，让学生的活动能高效深入地完成。

（3）适度地参与

由于学生的情况千差万别，所开展的活动也有难有易，对有的学生而言，教师仅旁观或指导是不够的，还要参与他们的活动。教师的参与有助于加强师生间的沟通，融洽师生关系；有助于教师获得第一手材料。对此，教师要注意把握参与的时机与程度，参与的形式与态度。参与的形式可以分为直接参与和间接参与，直接参与指教师直接参与学生的活动，并提出自己的意见；间接参与是指教师并不直接参加学生活动，但在就同一问题收集资料、进行研究后，向学生提出自己的意见。教师在参与时，特别要注意要和学生平等地研究，共同解决问题。

三、初中综合实践活动指导教师应具备的素养

作为综合实践活动的指导教师应具备的素养与能力包括：自我调整与提高的能力，组织与调节活动的能力，激励学生发展与协调各种关系的能力，系统规划各阶段活动的能力，管理和评价学生及其活动的能力以及问题意识与问题解决能力。

（一）自我调整与提高的能力

综合实践活动的指导教师应能积极主动地消除传统学科课程教学的

习惯影响，正确处理综合实践活动课程与其他学科课程之间的关系，正确辨别综合实践活动中的活动与学科活动的联系与区别，能正确理解综合实践活动是一门开放性强的实践性课程，自觉学习综合实践活动的基本理念，并能在综合实践活动的实施过程中不断进行总结与反思，逐步形成综合实践活动的课程意识与专业素养；既要能从基本知识储备上提高自己的课程能力，又要不断拓宽自己的知识面，融会贯通各领域的知识，提高技术知识储备。总的来说，教师应有意识地学习，有目的地总结反思，不断充实自己，注重在指导学生的过程中发展自身的实践能力，在促进学生在综合实践活动中得到发展的同时，促进自己与学生共同成长。

（二）组织与调节活动的能力

综合实践活动的设计与实施涉及的知识面广，活动空间灵活，活动时间周期长且活动过程生成性强，突发性的干扰因素多，直接影响活动目标的落实与活动安全问题。因而，良好的组织与调节活动的能力就是教师必备的基本能力素养。教师既要能组织学生开展自主性的活动，还要能调节活动的进程，引导学生认真深入地开展活动。

（三）激励学生发展与协调各种关系的能力

在综合实践活动中，学生尤其需要教师的积极激励和正面评价。由于活动的主题常常是由学生自主选择的，活动的过程往往是由学生主导进行的，因而活动的结果常常可能并不能达到预期目的。如何增强学生的自信心，培养其迎难而上的毅力，及时给予正确引导与支持是教师必须尽到的职责。同时，综合实践活动的指导教师还要能协调好组内与组外学生的关系、协调与学生综合实践活动相关的各部门的关系；并能通过与相关组织、相关部门或相关人员的交流与沟通，充分利用校内外各种有效的资源，促进综合实践活动的顺利开展。另外，指导教师还需协调教师指导小组内各指导教师之间的关系以及综合实践活动教师与其他科任教师之间的关系，使学生的活动得到各方的有力支持。

（四）系统规划各阶段活动的能力

初中学段内的总目标由四个内容领域予以具体落实，这就要求综合实践活动的指导教师能够系统有效地将总目标具体化到四大领域中，并能将四个领域的内容落实到几个学期或学年中，从整体上达到综合实践活动的总目标。综合实践活动为师生开展活动提供了广阔的活动背景和自由的活动空间，这也要求负责综合实践活动的教师能够自由、灵活地引导学生通过各种主题活动落实总目标。

（五）管理和评价学生及其活动的能力

自主的学生和自由的活动给教师的管理工作带来极大的挑战。教师要既能对学生活动作出及时评价，又能体现评价的多样性和公正性，以评价促进学生活动的深入开展。

（六）问题意识与问题解决能力

综合实践活动是以实践探索为基本特点的课程，它要求教师应具有较敏感的探究意识和较强的实践能力。教师在活动中也要学会问题探究和问题解决。只有教师具有问题意识，具备探究的能力，才能较好地指导学生开展探究性活动。同时，在综合实践活动中，教师不仅要引导学生在复杂的社会背景中学会发现信息、收集信息和处理信息，还要使自身具有较强的信息发现与收集、处理能力，提高教师自身的问题解决能力。教师既要明确获取信息的途径和渠道，引导学生通过多种途径收集信息，还要掌握收集和处理信息的方法，学会运用调查、考察、文献检索、测量、实验等不同的方法收集资料，能运用统计、整理、分析的方法处理各种资料。

教师是综合实践活动课程的主要实施者，对该课程的支持在于创造性地实施该课程。这就需要教师能把握综合实践活动课程的特征，主动根据该课程的实施要求提高自身的综合素质。

第二节 初中综合实践活动课程中
教师对学生的指导

要切实实现综合实践活动的课程价值，提高课程实施对学生发展作用的有效性，克服综合实践活动课程对学生发展影响"表层化"的局限性，就要增强教师指导的有效性。

一、教师指导的意义

（一）教师指导的意蕴

综合实践活动的课程实施过程是教师指导下学生的自主实践学习过程。教师的有效指导是实现综合实践活动课程价值的基本保证。学生自主性的实践学习总是与教师的有效指导相伴随的。

综合实践活动是学生"做"出来的，学生是综合实践活动的主体。但学生在"做"的过程中，离不开教师的指导。在综合实践活动实施过程中，教师与学生的关系是指导与被指导的关系。综合实践活动的实施应在初中建立一种新型的师生关系：导师制，教师的主导作用就在于指导学生开展综合实践活动的全过程，教师的指导主要体现在以下几个方面。

1. 激发动机，培养兴趣

激发学生参与实践学习的动机，培养学生参与实践活动的兴趣是教师指导的基本内容。

在教师指导学生开展综合实践活动学习的过程中，指导教师应使学生明确开展综合实践活动以及相关主题的目的，明确综合实践活动对个人成长的意义。随着实践活动的深入，学生的持续活动兴趣会逐步降低。只有那些具有个别化、具体化和情境化的活动目的，才能引导学生持续以不同的方式开展活动。

2. 引导方法，建立规范

学生活动兴趣和活动主题的多样性决定了教师对学生的指导应以引导学生的活动过程，指导活动中问题解决的方法，建立综合实践活动实施过程中的基本操作规范为主要任务。

实践方法和实践规范的合理性直接影响着综合实践活动的有效性。教师的指导应突出对学生进行活动方法和实施过程规范的指导。实践方法的指导突出的是引导学生尝试合理完整地运用问题解决的基本方法，经历问题解决的全过程，在方法的有效使用过程中发展学生的创新精神和实践能力。综合学习时间的实施就特别强调学生经历和尝试运用四类问题解决的方法：调查与访问、实验与观察、设计与制作、参与与服务，较好地体现了实践学习在学习方式上对学生的基本要求。

综合实践活动课程具有开放性的特点，方法的合理性和操作的规范性不仅有利于提高活动的效率，更重要的是对发展学生的科学精神、创新精神具有重要的意义。

3. 跟踪过程，把握价值

综合实践活动课程具有鲜明的过程属性和过程价值，其课程价值就在学生活动的实施过程中。因而，综合实践活动中教师的指导应遍及活动的各个阶段、各个环节，从这个意义上来说，教师的指导意味着跟踪过程，把握价值。

教师对学生综合实践活动的指导要关注过程，兼顾结果。关注过程的前提是跟踪过程，了解学生在实施过程中遇到的困难和问题，引导学生在过程的不同阶段以任务为取向，展开相应的问题解决活动。当然，跟踪过程并要求教师采取不同的联系、沟通方式，及时把握学生活动过程的动向。

指导教师跟踪过程的目的在于把握活动的价值，防止活动过程中出现价值漂移、价值减损或目标模糊等问题。

4. 帮助进程，倾听体悟

在综合实践活动课程的实施过程中，指导教师的基本职责是以尊重学生的兴趣、爱好和需要为前提的。教师指导的有效性应取决于是否充分发挥了学生的积极性和主动性，是否尊重了学生的主体地位。教师作为学生活动的指导者，应从尊重学生主体地位和兴趣、爱好与需要出发，教师不仅是知识的传递者、方法的规定者，更是课程的"帮助者"。

综合实践活动的指导教师应帮助学生深化活动的进程，聆听学生在活动过程中的感受和体悟。体验是自主的个体在特定的情境中，为了获取客观事物与自身的意义关联和价值关系而历经接受、批判、反思和建构这一过程的主观内省活动。教师的指导有助于学生在实践活动过程中由体验转向意义的建构和价值获得，综合实践活动的指导教师应是一个对学生成长充满期待的倾听者。

(二) 教师指导的有效性

要提高教师指导的有效性，需要注意以下几个方面的问题。

1. 适时指导

适时指导是指在综合实践活动过程的不同阶段，针对不同的目的和任务，指导教师需要履行不同的指导职责，发出有效的指导行为，落实方法，遵循规范。

无论多么复杂或简单的活动主题，综合实践活动的过程一般都可以分为三个基本阶段组织实施，每个阶段都具有不同的活动任务。第一阶段：活动的准备阶段。活动准备阶段的基本任务是提出问题，确定活动主题；构成活动小组；制定活动方案；准备必要的工具和条件。在活动准备阶段，指导教师应指导学生自主地从生活中发现问题、提出问题，明确活动的具体目的和任务。第二阶段：活动的实施阶段。活动实施阶段的基本任务是运用一定的方法，搜集文献资料和第一手资料，进入实际活动情境，进行具体的活动操作，获得实际的实践体验。在活动实施阶段，指导教师应着重指导学生运用问题解决的基本方法。第三阶段：

总结交流阶段。总结交流阶段的基本任务是整理活动过程中获得的资料、经验、结果和感受，形成对问题的基本看法、问题解决的基本经验，发展实践能力以及良好的情感态度和价值观。在活动总结阶段，指导教师应引导学生对活动过程、活动体验进行系统的总结和提升，参照活动目标，深化活动的收获。尽管活动的具体方式或方法因主题的不同而不同，但基本活动过程应该是相对稳定的、一致的，教师应针对不同的进程落实指导行动。

2. 适度指导

教师的指导是要善于发现学生在活动过程中的困惑和困难。教师要把握好指导的"度"，留给学生自主思考、独立实践的空间，充分信任学生的潜能。要提高综合实践活动课程实施的有效性，就必须处理好教师与学生的关系，一方面要突出学生的主体地位、兴趣、爱好和需要，另一方面，要加强教师指导的针对性和实效性。

从某种意义上说，综合实践活动课程是一种学生本位课程。从学生出发是体现学生本位课程的基本要求。综合实践活动的全过程都应该突出学生主体，发挥学生主体的主动性和积极性，发挥学生作为活动主体应有的地位和作用。从活动主题或课题的提出，到活动方案的制定，再到活动实施以及活动的总结、交流与评价，都应该尽可能让学生自主活动，教师有效地针对学生的实际进行适当的指导或引导。例如，在综合实践活动的内容方面，一般来说，它是学生自己提出的感兴趣的问题或主题。因此，在综合实践活动课程准备阶段，最好由学生自主地提出活动主题或问题。

3. 适当指导

适当指导是指教师的指导方式的多样性与指导任务的切合。在学生活动的各个环节，教师要根据活动的阶段性任务和活动内容，适当采取专题讲座、方法讲解、操作示范、案例剖析、分析综合、总结评价等方式对学生进行指导。

只有符合学生活动主题的特点、活动过程需要以及活动过程中的困惑，并进行有针对性地指导。在学生活动的全过程中，教师的指导要考虑学生对活动主题的意义理解。因此，针对某些主题，指导教师应组织相应的专题讲座、专题资料搜集、资料整理与分析等活动，其目的在于为学生的实践活动过程奠定有效的认识基础和理性准备，注重活动中最基本的问题解决的方法的理解和掌握。

（三）提高教师指导有效性的基本要求

综合实践活动实施过程中的教师有效指导策略是目前综合实践活动实施中需要注意的基本问题，是防止综合实践活动流于形式的基本保障，教师的有效指导策略的建立应关注以下几个方面。

第一，设计与制定教师指导方案，增强教师指导的计划性。教师指导方案包括学期指导方案、学生活动主题的具体指导方案。指导教师在要求学生制定活动主题实施方案的同时，应针对学生活动主题的展开过程及其需要设计教师指导方案。教师指导方案应包括学生活动主题的具体目标、学生活动过程与具体方法的指导、学生活动主题必要的资料与工具准备、学生活动评价策略等。制定教师指导方案有利于教师明确指导任务，落实具体的指导行为。

第二，加强程序性方法和问题解决方法的指导，建立综合实践活动教师指导的基本行为规范或指导常规。例如，活动准备阶段的教师指导行为（提出问题与形成活动主题的指导，制定活动方案的指导，准备必要的活动资料与活动工具的指导等），活动实施阶段的教师指导行为（进入活动情境的指导，方法实践的指导，搜集与处理资料的指导等），活动终结与交流阶段的教师指导行为（活动结果总结的指导，活动过程总结的指导，活动体验总结的指导、表达与交流的指导等）。建立教师指导行为的基本规范和指导行为常规，有助于增强教师指导的有效性。

第三，建立问题解决方法指导的基本规范。在综合实践活动的实施过程中，学生要学习运用问题解决的基本方法，如调查法、实验法、参观法、设计与制作法等。这些方法的运用应符合方法的基本规范和要求。要提高综合实践活动过程的有效性，指导教师应加强对学生进行方法的引导，让学生了解、运用问题解决的基本方法。

在综合实践活动课程赋予教师的五个角色中，教师的角色要求尤其难，而且，从目前的情况来看，教师指导的有效程度已经成为综合实践活动课程如何深入实施的重要因素。综合实践活动课程中有效的教师指导应该是遵循该课程理念的、符合学生需要的、适度的、具体的、有针对性的、民主的指导。

第一，指导要适度。适度指导需要教师从学生的个别差异出发，依据具体问题的特质和活动情境的特点灵活掌握。原则就是给予点拨但点到为止，留给学生足够的思考和发展的空间。

第二，指导要具体。在这里，特别强调指导要具体，主要是强调教师在指导过程中一定要关注细节，要关注活动过程中的具体细节和活动的具体落实程度。

第三，指导要有针对性。综合实践活动的活动内容和活动方式均呈现开放性，在实施过程中，需要指导教师要有足够的教育机制，打破课内课外、教室内外、学校内外的界限，敏锐地捕捉到学生探究中的新思路、新问题，随机地根据具体的学生、具体的问题情境给予有针对性的指导。

第四，指导要民主。教师在指导时特别要注意采用引导、磋商的方式和学生一起平等地研究，共同解决问题。教师在指导中要注意激发并保护学生自主学习、自主探究的热情和精神；同时，要创造民主的、宽松的、有利于学生自主探究的学习环境和学习氛围，让学生有安全感，让学生敢于探究，敢于创新。

二、教师指导的内容

教师的指导任务贯穿学生综合实践活动的全过程，包括对学生活动主题、项目或课题确定的指导，活动过程中的指导，总结和交流阶段的指导。

（一）在活动主题、项目或课题的确定阶段

教师应针对初中学生的文化、科学知识基础及其兴趣和爱好以及学生所处的特定社区背景和自然条件，引导学生确定合理的活动主题、项目或课题。

在学生初次进行综合实践活动时，教师可提供若干有益的活动主题、项目或课题，供学生选择。随着学生能力的发展，教师应放手让学生自主确定活动项目、活动主题或课题。在学生初步选择或自主提出活动项目、主题或课题后，教师要引导学生对活动主题、项目或课题进行论证，以便确定合理可行的活动项目、主题或课题。

当活动主题、项目或课题确定后，教师要指导学生制定合理可行的活动方案，培养学生的规划能力。规划和设计活动方案的过程也是学生发展的过程。在活动实施前，教师还应与学生家长取得联系，确保学生所开展的校外活动得到家长的同意，在活动的进展过程中，能够得到家长的大力支持和有效帮助，充分发挥家长在学生家庭教育中的积极作用，促进家校交流与沟通，促进学生全面发展。

（二）在活动实施阶段

1. 指导学生进行资料的搜集、整理与筛选

教师要指导学生进行资料的搜集。针对学生的实际和相关的课程资源，在活动开始阶段，可以结合实例对学生进行一定的基础训练，帮助学生掌握利用工具书（如索引、文摘、百科全书等）、使用视听媒体、做笔记、进行访谈、对资料做整理和分类等方面的技能。在具体的活动过程中，教师要指导学生有目的地搜集事实材料，指导学生运用调查、观察、访问、测量等方法；指导学生写好研究日记，及时记载研究情况，真实记录个人体验，为以后进行总结和评价提供依据；引导学生形成收集和处理信息的能力。

2. 了解学生活动开展情况并及时点拨指导

在实施过程中，教师要及时了解学生开展活动的情况，有针对性地进行指导、点拨与督促；要组织灵活多样的交流、研讨活动，促进学生自我教育，帮助他们保持和进一步提高学习的积极性；对有特殊困难的小组要进行个别辅导，或创设必要条件，或帮助其调整研究计划。教师要在活动实施过程中实现从知识传授者到学生学习的组织者、指导者、参与者的角色转换。

初中综合实践活动实施过程中教师的根本任务是为学生的技术学习和技术探究提供有效的指导和优质的服务，教师在进行学生的学习指导时应注意以下几点。

第一，面向全体学生，尊重学生的个性、自主性、创造性，使所有学生都能成为劳动与技术学习的主人，都能成为活动的受益者。

第二，正确处理好教师的示范、讲述与学生的自主活动之间的关系，在鼓励学生自主学习的同时，突出技术学习中的重点和难点的指导。

第三，充分利用学生内部人际关系及学生群体的作用，引导学生学会技术活动中的分工与合作，引导学生相互交流、观摩与学习。

第四，加强巡视指导，做到个别指导与集体指导相结合。

第五，注意指导过程的科学性和创造性。应通过积累，逐步形成自己的指导风格和指导个性。

第六，发挥多种教育技术和手段的作用。在一些有条件的地区，把计算机辅助教学引入劳动与技术教育，并加强在模拟仿真训练和技术设计方面的运用，以提高指导效果。

第七，根据学生的性别差异控制好学生的劳动强度，做好劳动保护。应要求学生严格遵守劳动纪律和安全规程，注意劳动卫生、劳逸结合，确保学生安全。

第八，注意劳动与技术教育资源的利用和开发，在利用现有资源的同时还要注重开发新的资源，尤其要注意各类教育资源的有效整合。

在实施过程中，教师要注意争取家长和社会有关方面的关心、理解和参与，开发对实施综合实践活动有价值的校内外教育资源，为学生开展活动提供良好的条件；还应指导学生注意活动中的安全问题，培养学生的安全意识和自我保护能力，防止意外事故发生。

（三）在活动总结阶段

1. 引导学生进行自我评价与活动总结

在活动结束时，教师应指导学生对活动过程中的资料进行筛选、整理，形成结论，指导学生撰写活动报告，并进行不同方式的表达和交流。在总结时，要引导学生着重对活动过程中的体验、认识和收获进行总结和反思。因为综合实践活动的实施过程困难重重，学生受到的挫折、经历的困境可能很多，因而教师在引导学生进行评价的时候，要公正、客观，且应多引导学生善于发现自己和他人的闪光点，善于总结经验，吸取教训。

2. 教师进行自我反思与工作总结

在活动结束时，教师应对自己的工作进行阶段性小结。

第一，教师进行自我反思时，既要对自己在学生活动过程中的表现予以反思，又要对自己在活动中所起的作用、所做的事情进行反思，还要对自己在协调学生间的关系、自己与学生的关系以及自己与其他指导者或科任教师的关系中的表现进行反思。既要善于发现自己工作中的优点和长处，又要积极正视工作中的不足。

第二，教师应及时记录活动的全过程，为继续开展综合实践活动积累经验。既可以为自己继续开展这类活动积累经验，又可以为促进综合实践课程的发展出力。一线的教师应该将自己的活动探索记录下来，积极储备本土资源，为综合实践活动这门课程的发展作出努力。

第三，进行自我反思与工作总结还有利于促进教师自身的专业化发展。目前师范院校还没有开设培养综合实践活动指导教师方面的专业，而且当前普遍认为该课程的指导教师应从已有的教师队伍中来，而这些教师对综合实践活动还有待加深认识，教师自身的专业素养也主要是从实践中得来，所以只有不断地对自己参加的活动进行反思与总结，才能不断提高自身的专业技能与素养。

当然，由于在综合实践活动中，教师的指导工作相当复杂和琐碎，指导的空间又相当广泛，指导的时间也常常超过课时的界限，因而指导教师常常比一般教师付出得更多。为了鼓励广大教师承担指导工作，学校应根据实际，把教师的指导工作计入工作量，纳入教师工作业绩加以考核。

三、教师指导的基本策略

(一) 创设问题情境，培育学生的探究兴趣和能力

学生活动的自主性体现在学生是基于自身兴趣，从自然、社会和学生自身生活中自主选择和确定研究专题，主动地获取知识、应用知识、解决问题。教师的指导是实现学生自主学习、自主活动不可或缺的重要环节。学生在活动中问题的产生与提升，问题的解决与方法以及如何安排自己的活动计划，如何达到活动目的等方面都需要得到教师的指导。教师指导的目的就在于帮助学生拥有自主意识和自主能力，以便更好地自主开展活动。

心理学研究表明，学生学习积极性的形成与学习动机的激发有着内在的联系，学习动机的激发是形成学生学习积极性的内在因素。因此，在综合实践活动课程中，教师要努力创设和营造良好的实践活动情境，激发学生自主探究的兴趣。

教师要重视问题情境的创设，善于把学生引入一种与问题相关的情境中，让学生感受问题的新奇性、挑战性，从而使学生产生一种想知而未知的心理状态，引发学生强烈的、持久的探究欲望。引导学生在活动中产生的问题就远比让学生自由选取的问题更稳定，也足够吸引他们探

究、实践。学生对发生在自己身边的问题是很容易产生兴趣的，如果发生在自己身边的问题也能用所学的知识解决，那就更会激发学生的探究兴趣。如若教师能经常性地指导学生将生活中的问题转化为综合实践活动研究的对象，学生就会倍感亲切，进而激发他们强烈的自主探究兴趣。

1. 给学生探究和思考的时间

教师在活动中，要留给学生足够的时间想一想、议一议、试一试，还要给他们提供充裕的共同讨论的时间。学生在比较成熟的实践、思考、讨论后得到的体会就会比较深刻。

2. 给学生发表观点的机会

探究、创新能力的发展必须在自由安全的气氛中才能进行。这里所说的自由就是尽量减少对学生的行为和思维的无谓限制，给其自由表现的机会；所谓安全就是对学生进行鼓励，使其获得创新的安全感，敢于表达自己的见解。自由而安全的气氛会使学生的思维处于积极的活跃的状态，使其探究、创新的潜能得到最大限度地发挥。由此，在学生探究活动中，教师要给学生主动参与、表达自己想法的机会，尊重学生以不同的方式理解和解答问题。对于学生一些离奇的想法，教师要和学生一起分析：说对了，及时地予以鼓励和肯定；即使说错了，也要热情帮助，启发找出原因，纠正错误。同时，在活动中采用小组合作的形式，保证学生对活动的参与率，使每个学生都有动手实践和发表意见的机会。

3. 引导学生参与实践活动，培养学生自主探究的能力

综合实践活动课程是充分发挥学生主体性的课程，要求学生积极参与、自主实践、自主探究。这就要求教师有针对性地加以引导和指导，在实践活动中做到学生能独立思考的，教师不揭示；学生能独立操作的，教师不代替；学生能独立解决的，教师不示范。

提供具体材料，让学生自主探究新知识。在活动中教师要尽量创造

条件，给每个学生动手操作、动脑思考、提出问题、解决问题的机会，让学生自主探究知识，自主发现规律，变学习过程为探究过程，帮助学生，使学生掌握自主探究的方法。

(二) 注意过程中对学生活动的跟踪与服务

教师是学生活动的指导者、组织者、领导者，教师要引导学生有序高效地开展综合实践活动，要组织学生、管理学生。教师的指导任务贯穿学生活动的全过程，包括对学生活动主题、项目或课题确定的指导，活动过程中的指导，总结和交流阶段的指导。教师参与全过程的指导，可以及时了解学生开展活动的情况，有针对性地对不同学生的不同研究阶段出现的不同问题进行个别指导，起着积极的引航、导向作用。指导学生的重点，应该以鼓励去调动学生的积极性，帮助学生找到适合自己的学习方式、体验收集、分析和处理信息的实践，理解知识的产生过程，建构学生的知识与能力。活动中，应该要求学生勇于承担任务，督促学生认真负责地完成。

第四章　初中综合实践活动课程资源的开发与利用

第一节　初中综合实践活动课程资源概述

一、初中综合实践活动课程资源的内涵

从信息资源学的角度来看，资源是各种客观存在物，且这种存在物可以在自然界和人类社会中创造出物质和精神财富。课程资源是整个课程发展过程中可资利用的一切人力、物力以及自然资源的总和。根据当今初中学校课程实践的情况以及我国新课程改革的发展趋势，初中综合实践活动课程资源是指所有能够组成综合实践活动课程的各种因素来源以及在课程开展和实施过程中必须具备的直接的和确切的条件。

初中综合实践活动课程资源的概念从广义和狭义角度来看有不同的含义。广义的综合实践活动课程资源指有利于实现综合实践活动课程目标的各种因素，是富有教育价值的、能够转化为综合实践活动课程或服务于综合实践活动课程的各种条件的总称。由于"课程目标指向学生的发展""课程内容富含教育性"，这是被广大教育工作者所认同和接受的。因此，所谓综合实践活动课程资源一定是能够为教育服务的，有利于实现综合实践活动课程实施和教育目标的。狭义的综合实践活动课程资源仅仅指形成综合实践活动课程的直接来源，如课程中使用的教科书等。当前，我国课程改革中提倡的综合实践活动课程资源的开发与利用多是以广义的概念开展的。从目标实现的角度来看，只要是对课程开发与利用有帮助的因素都应该归于综合实践活动课程资源，如资源包、教

辅书、教学场地等物质资源，也同样包括学科专家、教师、学生等人力资源。要有效达成综合实践活动课程的目标，也需要全面而科学地对综合实践活动课程资源进行开发与利用。

二、初中综合实践活动课程资源的特点

（一）丰富性

客观事物存在着多样性和丰富性，资源作为客观存在的物体，同样具有丰富性特征。综合实践活动课程资源涉及学生学习与生活环境中所有有利于综合实践活动课程实施及达到综合实践活动课程目标的教育资源。因此，综合实践活动课程资源具备丰富性的特征，且分散在学校内外的各个方面。

课程资源的丰富性决定了学校在开发综合实践活动课程的过程中应有丰富性的资源观。不同学校的课程资源开发都具有多元性和丰富性，各学校应不断加以开发和利用，使学校课程变得丰富多彩。

（二）可开发性

初中综合实践活动课程在具体开发和实施过程中，需要依据课程的目的，对所需要的资源进行选择、改造并加以利用。同时，在综合实践活动课程的开展和实施过程中，不同开发主体具有不同的主观能动性，在对同一综合实践活动课程资源的开发上，需要考虑资源的广度和深度。在达成课程目标方面也会有较大的差别，如当不同主体在开展以"探究学校的周边社区存在的资源"为主题的综合实践活动时，就会涉及学校周边工农业生产、交通文化、社区经济生活等这一类课程资源，同时也会产生开发利用的差异性。所以，客观存在的综合实践活动课程资源具有可开发性的同时，其利用也取决于人的主观能动性。

由此看来，课程资源的可开发性要求学校在综合实践活动课程资源的开发过程中充分重视资源的可开发性。课程设计人员只有关注相关的课程资源，才能设计出更好的综合实践活动课程。

（三）间接性

有许多综合实践活动课程资源是客观存在的，且在综合实践活动课程设计之前就已经存在。这些资源能够为综合实践活动课程的实施提供支持或转化为综合实践活动课程，但是需要具备一定的操作条件。因此，综合实践活动课程资源具有间接性的特点，只有充分地开发和利用好学校周边客观存在的优秀资源，才能够有效推动综合实践活动课程的实施。

课程资源的间接性要求在综合实践活动课程资源的开发与利用过程中，探究一切有利于达到综合实践活动课程目的的所有资源，并能够灵活运用那些客观存在的资源。

（四）开放性

课程资源的开放性主要体现在课程内容的开放性和开发主体的开放性两个方面。课程内容的开放性体现在综合实践活动超越了书本知识的局限，课程内容面向学生的现实生活，涉及自然现象、社会经济、文化和学生日常生活的方方面面。开发主体的开放性体现在两点：首先，国家、地方和学校都是课程开发的主体，只是他们担负的职责不同而已；其次，从学校层面看，综合实践活动课程开发的主体也是多元的，教师、学生以及社会人士都可以成为课程开发的主体。

课程资源的开放性要求综合实践活动课程在课程资源开发和利用的过程中突破学校的高墙围栏，走向广阔生活领域，并充分重视不同主体对课程资源的开发利用。课程资源不应仅仅局限于书本知识，对于学校周围特别是学校内的资源，在课程开发的过程中应该予以强调和重视。

（五）差异性

学校所处的地理环境、人文环境不同，课程资源存在的形态、类型千差万别，可利用到综合实践活动课程中的资源也具有很大的差异性。例如，南方与北方的学校在开展地理综合实践活动课程时，在利用地理课程资源方面就会呈现出明显的南北地域差异。课程资源的开发要尊重文化多样性，文化的多样性也造就了课程资源开发的差异。聚焦学校课程资源开发时，学校的性质、规模、传统以及教师素质和办学水平也大大地影响课程资源开发的异同。

课程资源的差异性要求学校在综合实践活动课程资源开发和利用过程中，注意学校周边资源的特殊性以及在资源开发过程中开发主体的差异性，并充分利用好这些差异，推动综合实践活动课程的顺利开展。

三、初中综合实践活动课程资源开发的意义

课程资源支撑着所有的课程的设计与实施。总的来看，课程资源是学校课程设计与实施的全部条件的总和，是课程能够发挥育人价值的基础，是课程设计、课程实施的基本组成部分。

第一，综合实践活动课程资源作为综合实践活动课程内容的直接来源，影响着课程内容。在课程内容设计的过程中，需要从众多的课程资源中选择独特的适合课程设计和开展的课程资源，并按照某种特定的方式将所选择的课程资源加以组织、重建并构成一定的系统。综合实践活动课程的开展需要围绕丰富的课程资源进行，所以，课程资源对课程内容的设计有着直接的、重要的影响。

第二，综合实践活动课程资源是综合实践活动课程实施的基础条件。不同的课程在设计、实施的过程中需要不同的保障条件。综合实践活动课程与传统课程的实施不同，其实施需要超越教室、超越课堂、走出校园，走进自然和社会，需要在指导教师的引导下让学生自主地开展课程活动。

第三，综合实践活动课程资源影响学生学习方式的变革。学生作为课程进行过程中的主要活动群体，课程资源开发是否符合课程主题，是否利用得当，对于学生学习产生的影响是非常明显的。课程资源制约着学生学习活动的方式，课程资源的开发与利用，实质上直接影响着学生的素质发展，制约着学生在教育活动中的存在方式。因此，学校在课程开发的过程中要确切地选择课程资源，从而使其有效地推动学生学习活

动方式的发展。

在综合实践活动课程展开的全过程中，课程资源不仅仅是课程实施的背景、条件，其本身也能够成为课程内容的组成部分，对课程实施具有重要的意义。因而，为了更好地促进课程的发展，课程资源是课程所有要素中不可忽视的存在。

四、初中综合实践活动课程资源的分类

课程资源的分类多种多样，但无论从哪种角度划分课程资源的类型，都要注意两个基本原则：一是逻辑上要明晰，划分的课程资源类型要具有逻辑性；二是要有利于分析学校的实际需要，并能够有效解决学校实践中存在的主要问题。这就要求对课程资源的分类既有助于看清课程资源开发和利用中的主要问题，又能够找到相应的解决途径和办法。

根据不同的划分标准，课程资源可以划分不同的类型。

根据课程资源的功能和特点，可以把课程资源划分为素材性资源和条件性资源两大类。素材性资源能够成为课程的素材或来源，它是学生学习和收获的对象；课程的实施范围和水平在很大程度上受到条件性资源的影响，如开展活动的时间、场地、媒介、设备、设施和环境等因素，就属于条件性课程资源。当然，把课程资源划分为素材性资源和条件性资源更多的是为了便于说明问题，二者并没有绝对的界线。现实中的许多课程资源往往既包含着课程的素材，也包含着课程的条件，如图书馆、博物馆、实验室、互联网、人力和环境等资源。

根据空间分布的不同，课程资源大致可以分为校内课程资源和校外课程资源。学校范围之内的课程资源属于校内课程资源，而在空间上超出学校范围的课程资源就是校外课程资源。校内课程资源包括实验室、图书馆以及各类教学设施和实践基地等；校内人文资源，如专家型教师、师生关系、班级组织、学生团体、校风校纪、校容校貌等；与教育教学密切相关的各种活动，如实验实习、座谈讨论、文艺演出等。能够有效实现课程目标，较好地促进学生全面发展的最基本、最便利的资源

是校内课程资源，所以，校内课程资源应该作为课程资源开发与利用的首要着眼点。校外课程资源包括公立图书馆、博物馆、展览馆、工厂、农村、部队、科研院所等广泛的社会资源。同时，学生家长与学生家庭的图书、报刊、电脑、学习工具等也是不能忽略的课程资源。校外课程资源可以在特定的课程需要中弥补校内课程资源的不足，转变教育教学方式以及适应新课程都离不开充分地开发和利用校外课程资源，校外课程资源为学校改革提供了强有力的支持和保证。

按照存在方式的不同，课程资源可以分为显性课程资源和隐性课程资源。前者指看得见摸得着，可以直接运用于教育教学活动的课程资源，如教材、计算机网络、自然和社会中的实物、活动等。显性课程资源可以直接成为教育教学的便捷手段或内容，相对易于开发和利用。隐性课程资源是指以潜在的方式对教育教学活动施加影响的课程资源，如学校的校风、家庭氛围、师生关系等。隐性课程资源与显性课程资源不同，其作用于课程的方式具有间接性和隐蔽性的特点，也就是说隐性课程资源不能对教育教学构成直接影响，但是在得到正确且合理的运用和开发下，能够帮助学生更好地完成课程目标，促进学生全面发展。

根据性质的不同，课程资源可以分为自然课程资源和社会课程资源。我国地域辽阔，山水秀美，物产多样，可以开发与利用的自然课程资源极为丰富。例如，用于开发生活课程的动植物、微生物，用于开发地理课程的水文和地貌、天气和气候等。人们可以开发、利用的社会课程资源同样是丰富多彩的。如较好保存以及充分展示人类文明成果的公共设施（图书馆、博物馆、展览馆等）；生活中道路的线条美，雕塑的造型美等。另外，人类的交往活动如外交活动、科技活动等都可以成为课程资源。与教育教学活动有着直接关系的还有价值观念、风俗习惯等，这些也是在课程设计与开发过程中不可或缺的课程资源。

根据资源的呈现方式和物理特性的不同，课程资源可以分为文字资源、实物资源、活动资源和信息化资源。印刷品记录着人们的思想，蕴含着人类的智慧，保存着人类的文化，延续着人类的文明，直到今天仍然是最重要的课程资源。实物资源分为三类：第一类是自然物质，如动植物、矿石等；第二类是人类生产生活过程中创造出来的物质，如建筑、机械、服饰等；第三类是为教育教学活动专门制作的物品，如笔墨纸砚、模型、标本、挂图、仪器等。

综合实践活动课程资源涵盖的内容非常广泛，教师的言语活动、班集体和学生社团的活动、各种集会和文艺演出、社会调查和实践活动以及师生之间、学生之间的交往等都属于综合实践活动课程资源。要打破并改变单一的课程接受模式，充分开发与利用综合实践活动课程资源是有效的途径之一。充分且恰当地利用好综合实践活动课程资源，能够使学生在掌握知识的过程中不断增进自身社会适应和社会交往能力，从而养成健全的人格。

第二节　初中综合实践活动课程资源的开发

课程资源的开发既是实施综合实践活动课程的基本前提，也是综合实践活动课程内容的直接来源。综合实践活动课程能否顺利开展，大部分取决于能否积极地开发和利用现有的课程资源。

一、初中综合实践活动课程资源开发的原则

一般而言，原则是在开展一项活动的过程中所需要遵守的事项，且这些事项对该活动的开展具有推动作用。考虑到综合实践活动课程资源开发与利用是一项教育实践，因此，探讨这些原则显得格外重要。想要充分挖掘并合理利用那些具有开发和利用价值的课程资源，必须遵循这些原则，只有这样才能有效地促进教师、学生和学校全面发展。

(一) 经济性原则

经济性原则主要考虑课程开发的时间、空间和经济成本。开支的经济性是指用最节省的经费开支取得最佳效果，尽可能开发与利用那些不需要多少经费开支的课程资源。时间的经济性指尽可能开发与利用那些

对当前教育教学有现实意义的课程资源。空间的经济性是指课程资源的开发与利用要尽可能就地取材。校内有的不求诸校外，本地有的不求诸外地。

(二) 实效性原则

学校教育不可能包揽学生要学到的所有东西，所以必须在可能的课程资源范围内，在充分考虑成本的前提下突出学生所需的重要学习内容，并针对不同的课程目标精选对学生终身发展具有重大决定意义的课程资源。课程资源本身具有多质性，也就是指同一课程资源在不同的背景情况下可以服务于不同的课程目标。所以，各学校在开发与利用课程资源时，必须根据课程目标，仔细分析与课程目标相关的多种多样的课程资源，只有这样才能保证综合实践活动课程资源的开发与利用具有针对性及实效性。

(三) 学生发展为本原则

学生作为学习的主体，学校应以"学生发展为本原则"作为标准筛选教育资源，看课程资源能否促进学生发展。因此，要大力开发那些能够激发学生灵感和创意的素材，让学生产生学习的兴趣和欲望。兴趣和欲望不仅是综合实践活动得以顺利开展的基本前提，也是进行课程资源开发的基本保证。学生主要是根据自己感兴趣、有强烈欲望的问题提出活动主题，同样，如要达到课程资源开发的目的，促进学生的发展，教师在提出主题时也必须创设一定的情境，通过具体的情境引起学生的兴趣和欲望。

在综合实践活动课程中，为了贯彻学生发展为本原则，学校需要在综合实践活动课程的开展过程中，充分地调动学生的参与性和积极性。如在"让池水变清"主题研究过程中，学生在了解了具有过滤作用的各种材料之后，通过小组合作等方式，达到了实验的目的。从整个探究过程上看，学生对探究方法的设计和实验工具的使用充满了兴趣和激情。在这个过程中学生学会了合作，明白了精细化操作的重要性，体验到了如何从失败中发现问题并改进的方法。在课程资源开发的过程中充分尊重学生的主体地位，能够有效地调动学生参与的积极性和学习的主动性，能够推动课程目标的实现。

（四）开放性原则

综合实践活动课程资源开发与利用的开放性主要体现在类型的开放性、空间的开放性和途径的开放性几大方面。具体而言，类型的开放性是指不论以什么类型、形式存在的课程资源，只要有利于提高综合实践活动质量和效果，有利于学生的体验，都应是开发与利用的对象。空间的开放性是指不论是校内的还是校外的，城市的还是农村的，只要有利于提高活动质量，有利于学生的发展，都应加以开发与利用。途径的开放性是指课程资源的开发与利用不应局限于某一种途径或方式，而应探索多种实践途径或方式，并且能够尽可能地协调配合使用，课程资源的开放性使得学校在开发课程时有了更多的选择空间。

（五）针对性原则

为了有效达成课程目标，课程资源的开发与利用是必不可少的。针对不同的课程目标，应该开发与利用与之相应的课程资源。学校根据其所处的地域环境、学生差异以及活动主题的差别，在培养目标一致的前提下，要因地制宜，因时制宜，因人制宜，选择相应的课程资源进行有效开发与利用。第一，针对活动主题的差异，开发利用课程资源。主题存在差异，要利用的资源也就不同；即使当主题相同时，利用的资源也往往不同。例如，"做个合格的儿女"与"做个合格的学生"，二者主题不同，前者以家庭资源为主，后者以学校的资源为主。例如，"保护环境"作主题，有的重在调查社区环境问题，有的重在调查区域环境问题，有的则深入调查研究如何能够有效减少环境破坏等技术性问题。第二，针对各地区学校特有的课程资源进行开发利用。如学校环境问题是一个不可回避的主题，由于各地的特点不同，所以学校选择的课程资源是不同的。

除了以上原则之外，课程资源开发的原则还有很多。各个学校在开发本校课程资源时，需要根据学校的实际情况以及具体的学生需求，因地制宜地选择相应的课程资源开发原则，从而使课程更好地展开，更好地达成课程目标，促进学生全面发展。

二、初中综合实践活动课程资源开发的维度

自然、社会、自我是综合实践活动课程资源开发的三个维度。综合实践活动试图让学生在与自然、社会以及自我的直接接触中发展良好的个性品质和内在德行。因此，为了更好地实现这一目标，学校在对课程资源进行开发时，需要从自然、社会、自我三个维度开展。

（一）自然维度

初中综合实践活动课程资源开发的自然维度，其目的重在引导学生关注自然，并培养学生切身感受自然的习惯，加深学生对自然与人类之关联的理解，并发展学生对自然的热爱与兴趣，从而提升学生在实际的生活中保护自然的实践能力。为了更好地实现上述目的，综合实践活动课程资源的开发需要在审视人与自然之关系的性质的基础上，把握人与自然关系的时代追求，探索一系列具体的课程资源开发策略。

1. 在自然中探究自然

综合实践活动课程资源的自然探究应该让学生进入自然、直面自然，在参与、实践中与自然展开丰富多彩的交往，直接体验自然世界的奇妙。在这一过程中，教师应该不断鼓励学生相信自己的知觉系统和理智判断，最终激发学生的兴趣、激情、想象力和好奇心。

2. "关于自然"的自然探究

"关于自然"的自然探究内涵广泛而丰富，包括探究自然带给人的惊奇，自然本身存在的多重价值以及自然的自在价值；同时，自然、社会、自我拥有着密不可分的关系，因此，"关于自然"的自然探究也包括自然与社会和自我之间的整体关系以及引导学生体悟自然本身的价值等多个方面。自然所具有的不以人为尺度改变的价值是自然本身的内在价值。每一个独立的个体都有自己存在的内在价值。

3. "为了自然"的自然探究

提高学生保护自然的实践能力，是"为了自然"的自然探究的追求，也是自然维度开发的终极目的。从这一视角出发，综合实践活动资源自然维度的开发还应该遵守下面提到的一些原则：第一，要从道德的

角度审视自然探究的目的、过程以及手段，在对自然资源进行利用的过程中，要严格遵守道德要求，从道德角度开发课程资源，使课程活动的展开符合道德要求；第二，要鼓励学生履行自己所探究的保护和改善自然环境的计划。

（二）社会维度

综合实践活动课程的重要支撑点是社会维度。在学生与他人、学生与自然的关系之中，社会为支点体现在学生的合作、协商、友爱、尊重等品质和能力的养成的各个方面之中。因此，综合实践活动课程资源开发的社会维度必须得到重视。

1. 人际关系是探究的重要内容

与他人的关系很大程度上决定了学生生活的基调和质量，其中主要包括亲子关系、师生关系、同伴关系等，如何理解这些关系、如何与他人和谐相处本身就是综合实践活动课程资源的重要探究主题。因此，人际关系不仅仅存在于学校之中的师生交往、学生交往，同样也存在于家庭之中，并且每一类关系都对学生的发展有着重大影响。

2. 参与并反省社会生活

每个人都是社会生活的参与者。学生的学习本身就是生活的一部分。所以，初中综合实践活动课程在开发社会维度时要把重点放在引导学生关注社会现象、投入社会生活上，要使学生在对社会生活的参与和反思中不断地提升自己的社会实践能力和社会责任意识。

3. 在社会探究中体现移情性

人的社会性的养成和提升是综合实践活动课程社会维度的主要追求目标之一，教师应引导学生在交往中关心学生群体，同时帮助学生在校园生活中不断提升其移情性。

（三）自我维度

自我维度具体表现为学生个性化的发展以及学生自主能力的不断提升，即学生能够独立地对某项任务、主题、活动进行思考，并在深度思考后把所设想的付诸实践，能够承担自己所做出的选择，并不断提升自身敢于负责的意识以及在这一过程中所需要的能力。初中综合实践活动课程资源必须重视自我维度的开发。

1. 自我即丰富的探究资源

任何一种事物、现象、事件都必须经由"我"的关注和思考才能对"我"产生意义，而同时自我也是进行这种思考的基础，对"我"本身的关注才能促进自我成长，才能促发"我"更好地思考。初中综合实践活动课程需要关注学生的"本我"，学校在选择和开发利用资源时，只有考虑学生的兴趣和需求所在，才能在综合实践活动课程的开展过程中充分而积极地调动学生学习的热情。

2. 在关系中确立和完善自我

初中综合实践活动课程资源开发的自然维度、社会维度、自我维度是无法截然分开的，尤其是自我维度必然渗透在每一项探究中，自我的确立和完善正是在每一项探究、每一个活动、每一次交往中实现的。因此，让学生在课程开展中找到自我并肯定自我是极为重要的，这些过程体验存在于课程进行的每一个细节之中，因此，教师要抓住细节帮助学生不断完善自我。

3. 注重反思性探究

自我的确立和完善只有在关系中才能实现，但这种确立和完善必须经由反思性探究才能形成的。

第三节 初中综合实践活动课程资源的利用

一、初中综合实践活动课程资源利用的途径

丰富的课程资源是学校开发课程的基础。由于各学校在师资水平、生源质量、办学条件等方面都存在巨大的差异，因此，学校对课程资源的开发与利用要立足于本学校、本地区的实际情况。基于此，学校应因校制宜、因地制宜地制定本学校课程资源开发与利用的机制，通过课程资源库的建立、资源分析和资源规划等实际行动，推动学校课程资源的不断整合与完善。

（一）课程资源库的建立

课程资源库是各种文本资源和非文本资源、校内资源和社区资源等的集合，综合实践活动课程需要大量的课程资源、活动素材为综合实践活动的开展做基础。为更好地实施综合实践活动课程，学校需要建立课程资源库，将校内课程资源和校外课程资源进行整合并加以丰富和充实。因此，一个功能全面的综合实践课程资源库将有助于教师的课程设计和学生的活动，从而更有效地推动综合实践活动的开展。

学校建立课程资源库的一个重要手段即进行资源调查，资源调查就是对学校已有的、有待开发与利用的资源进行整体盘点的过程。进行资源调查需要经历明确调查目标、制订好相应的计划、投入实地调查、调查报告的最终呈现等环节，从而对学校课程资源进行综合分析和评估。在调查过程中，学校领导及教师都能够及时明确学校到底有哪些课程资源，到底哪些课程资源处于匮乏状态，为了实现课程目标，学校还需要拥有哪些课程资源等。学校根据自身的实际情况进行课程资源的挖掘，从而使得各种课程资源能更有效地发挥作用。

综合实践活动课程资源库的内容很多，主要包括指导教师资源库、学校特色资源库、社区资源库、优秀案例资源库、研究主题资源库等。资源库里的众多资源也需要不断检查更新，持续发展。这些资源库的建立能够为教师综合实践活动课程设计提供借鉴和保障，也能为学生的综合实践活动课程的顺利开展起到积极的推动作用，发挥课程资源的最大价值，保障综合实践活动课程的正常有序开展。

学校应该立足于本校建立综合实践活动课程资源库，体现本校特色，并且利用好本校课程资源库打造特色化的综合实践活动课程内容，同时保持课程资源库的不断更新，以此推动综合实践活动课程设计的发展和创新。

（二）课程资源的分析

课程资源分析指的是在资源调查的基础上，系统地将学校所处环境（内部环境与外部环境）中的各种资源分别从优势、劣势、机遇和挑战四个方面进行综合评估，并提出符合实际的应对策略的过程。资源分析立足于资源调查之上,以学校对自身资源现状的了解为基础,从各方面系统地对学校课程资源进行分析。

资源分析需要学校采取不同的方式,如建立资源分析小组,实施头脑风暴法填写学校课程资源分析表,整合不同小组的头脑风暴结果,形成资源分析报告等。在资源分析小组成员对学校课程资源的现状进行系统、客观分析和综合评估的同时,教师、学校领导等资源分析小组成员也能够根据评估结果形成对学校课程资源更加清晰明确的构想,明确优势资源,找出劣势,利用良好的机遇因素开拓课程资源,不仅关注当下,也着眼未来学校课程资源的发展,据此能够提出更加可行有效的利用课程资源的策略。

基于此,资源分析小组在进行资源分析的过程之中,需要准确、清晰地界定各个维度的概念。在明确综合实践活动课程目标的同时,应将目光放在更多优质的、有价值的未经学校开发的课程资源之上,并且打开资源分析视角,对综合实践活动课程资源的利用提出更加有针对性的可行性建议。

(三)课程资源的规划

在资源调查、资源分析的基础上,综合各方面因素将校内外各种资源有选择地纳入学校课程建设的范围,促进资源的整合与共享。学校课程资源系统是一个复杂的、庞大的资源库,学校的发展与创新需要以资源库的资源为支持,所以学校要将庞杂的资源有序地、系统性地、类别清晰地保管起来,这就需要学校进行课程资源规划,以便在需要使用时能够及时调配。

进行资源规划是学校最终形成行动计划的关键一步。所以,学校在进行资源规划的同时,也应制定相应的措施和管理、保障制度,保障资源规划的有序进行,同时利用好校内外优质资源,对学校拥有的课程资源有系统整体的认识,保障课程资源的开发与利用。

因此,在拥有制度保障的前提之下,在进行一系列的资源调查、资源分析之后,学校应着手将相关的课程资源进行规划,推动行动方案的形成。同时,学校应逐步建立以本校为中心的资源开发与利用机制,保障学校的课程资源的长足发展，以便推动学校综合实践活动课程更加有序地进行。

二、初中综合实践活动课程资源利用的策略

课程开发者面对的课程资源是丰富的，不同类型的课程开发对课程资源的选择和利用也不同。在综合实践活动课程的开发过程中，开发者在利用课程资源时，需要厘清课程目标，针对课程资源开展调查和分析，从而展现本校本地区的特色。因此，开发者在进行综合实践活动课程资源的利用时，需要掌握课程资源利用的一些策略。

（一）目标策略

教师在进行课程资源开发和利用前，必须明确课程目标，这能够为教师开发和利用课程资源指引方向。教师在进行综合实践活动课程资源的开发和利用时，面对众多的课程资源可能一时间难以抉择，但只要明确课程目标，就能够选择具有教育价值，能够促进学生全面发展，满足学生的真实需求，学生真正感兴趣，最契合课程目标，最具有针对性的课程资源。

因此，只要准确把握课程目标，即使是面对某一种具有多方面价值的课程资源，教师也能够精准地选择最优和最契合课程目标的典型资源。在面对众多丰富的课程资源之时，教师也能够选择出最具针对性的课程资源。

基于此，在活动开展之前，课程开发者应预先设计好课程目标，在进行教学资源选择之时，再针对课程目标反复斟酌选择教学资源，从而挑选出最适合本次探究活动的课程资源，使学生在探究活动中真正学有所获。

（二）调查策略

课程开发者通过开展需求评估，明确学生真正需要哪些基本的课程资源，从而更有针对性地选择符合学生身心发展特点、具有教育价值的课程资源。在明确综合实践活动课程目标和开展学生需求调查的基础上，选择有价值的课程资源，引导学生进行调查和访问。在进行调查和

访问之前，学生应对调查和访问的方法有所了解，如如何选择调查对象，如何与调查对象进行交流，如何设计访谈提纲和调查问卷，如何进行资料的搜集和整理等。只有这样才能顺利地开展调查和访问，搜集到有价值的资料。

在学生顺利开展相关调查之后，教师要善于引导学生对相关的调查资料进行梳理和分类整理，撰写调查报告，形成可供学生查阅的综合实践活动课程的文献资料，为学生以后进行相关资料的查阅提供便利，从而为学生今后的学习和真实的问题解决奠定良好的基础。在此过程中，学生不仅能够搜集到有价值的综合实践活动课程资源，从而推动综合实践活动课程的开发，而且能够培养自身搜集和处理信息的能力以及与人沟通和交流的能力，为未来的发展打下坚实的基础。

在调查和访问的基础上，针对所收集的资料进行分析，以对课程资源的分析作为课程开发的起点，具体的分析包括：从教育外部看，需要分析自然环境、人文环境、地理环境、产业环境、文化构成、人口素质结构等。从教育内部看，需要分析地方、学校教育发展历史基础和教育前景，分析校园环境、学校基础设施建设、图书资料、教材等，分析学生的身心发展、知识、经验等，分析教师的知识、技能等。通过分析教师就能够对所获得的课程资源逐渐拥有较为全面、清晰的认识，从可行性、科学性等角度准确地把握课程资源的运用价值。

基于此，利用好综合实践活动课程资源，引导学生进行调查，才能真正发展学生的探究和实践能力，促使学生的学习方式从根本上发生转变，而学生调查得来的资源也是学校课程资源库的"新鲜血液"，能够为资源库带来新的活力和生命力。

（三）因地制宜策略

在进行课程资源开发之时，由于不同地区和学校的文化不同，学校要准确把握文化的差异性，保持本地区和学校文化的独特性，选择其中有极大价值和优势的资源，开发具有本地区本学校特色的课程资源，这样学生和教师对课程内容的接受度会提高，也会使教师和学生对课程倍感亲切和熟悉。

（四）交流与合作策略

课程开发者在进行综合实践活动课程资源开发时，要拓宽视野，积极与外界进行交流与合作，广泛合理地利用社会各界的力量，这样才能够为课程资源的开发和利用提供保障。因为合作而积聚起来的能量是无法估量的，从合作中所创造的价值也是无法衡量的。通过合作，学校、教师和社会各界的力量都能够充分发挥其优势，从而提高课程资源开发的效率和价值，真正推动课程内容的发展和完善。

开发和利用综合实践活动课程资源时，积极寻求与外界的交流与合作能够发挥课程资源更大的价值。因此，课程开发者在进行课程资源利用的时候，应打开视野，积极寻求与植物园区等社会资源的合作，帮助学生更好地进行活动和探究，增强与现实生活的联系，真正发挥活动课程的价值。

三、初中综合实践活动课程资源利用中要处理好的几对关系

（一）处理好文本资源与非文本资源的关系

凡是以文本为载体的资源即文本资源；凡是不以文本为载体的资源即为非文本资源。综合实践活动课程的设计和开发不仅需要教科书、报刊等文本资源的支持，也需要非文本资源如社区资源、自然资源等的支持。

初中综合实践活动课程的开发仅有非文本资源的支撑是远远不够的，文本资源与非文本资源之间应该是各有所侧重、能够相互补充，却不能替代对方的关系。因此，教师在进行课程开发时，应该明晰任何活动课程目标的达成不仅仅是完全依靠某一种资源，而应该合理地、有所侧重地将二者结合起来使用。

因此，处理好文本资源和非文本资源的关系增强了活动的实践性和体验性，提高了两类资源的利用效率，促进了学生的探究能力和真实问题解决能力的发展。

(二) 处理好校内资源与校外资源的关系

学校拥有许许多多的课程资源，在进行课程资源的开发与利用时，学校及教师往往能更快速、便捷地搜集利用到此类资源，故校内资源往往更具有便捷性、集中性，是综合实践活动课程资源开发与利用的最基本的来源，在开发过程中起主导作用。相反，校外资源往往更分散，在开发过程中仅起辅助的作用。因此，在开发和利用课程资源时，应充分开发和利用校内资源，使校外资源的辅助作用得到很好的发挥。

这种以校内资源为主、校外资源为辅的方式需要学校根据自身实际情况进行调整，妥善处理好校内资源与校外资源的关系。学校应该做到：第一，对校内资源进行充分开发和利用，因为每所学校自身的实际情况不同，学校应从自身实际出发，鼓励师生自主利用好学校图书馆、班级图书角、学校资料室等，提高校内资源的使用率，并加紧建设一些基础配套设施资源如校园网络及活动场所等，同时鼓励师生自主利用资源，推动活动课程资源的开发和利用机制的完善。第二，有规划地开发校外资源，校外资源是丰富的，不同价值的资源对活动的结果影响不同，需要系统性地进行开发。因此，学校及教师在进行课程资源的开发时，应进行相关资源开发规划并结合自身需求和能力有计划、有步骤地基于活动目标对校外资源进行筛选，选择有效资源，放眼于长期性的资源开发，以达到对课程资源的最有效利用。第三，在校内资源与校外资源之间建立资源转换机制，学校一定要利用好潜在的校外课程资源并发挥其教育价值，将目光投向校外的众多机构如博物馆、文体中心、工厂、商店等，通过教育行政部门的协商与其建立长期友好的合作，扩大其对学校的开放程度。

因此，学校协调处理好校内资源与校外资源的关系，能够帮助学生更有效地进行相关探究，校内外资源的协调配合能够真正保障学生探究的效果。

(三) 处理好课程资源开发与课程资源利用的关系

课程资源开发与利用的关系主要包括：开发是利用的前提，要做到成本最小化，收益最大化。利用是开发的目的，在利用中促进持续性开发。学校应该根据自身实际情况，就如何进行课程资源的开发做好充分规划，有规划、有顺序地进行课程资源的开发与利用；并且，也要充分考虑好开发之后教师是否拥有利用这些有价值的课程资源的能力。只有处理好课程资源的开发与课程资源利用的关系，综合实践活动课程的实施才能够更加有效有序地进行。

同时，课程开发者在进行课程资源开发时应思考以下问题，即开发的课程资源能不能在综合实践活动课程的开展中得以有效利用，从而推动综合实践活动课程的实施。在进行综合实践活动课程资源的开发和利用时，课程开发者需要明确自己的定位，平衡好资源开发和利用的关系，保证资源能发挥最大的价值，从而使综合实践活动课程能够有效进行。

第五章　初中综合实践活动课程的设计

第一节　初中综合实践活动课程设计概述

一、初中综合实践活动设计的一般流程

综合实践活动一般以某个主题为独立单元展开活动。选择真实可行的主题、明确具体的活动目标、确定各阶段学生的主要活动方式以及活动过程，开发合适的资源是综合实践活动设计的一般流程，也是顺利开展综合实践的重要前提。

（一）确定活动主题

综合实践活动课程一般以"主题"的形式组织内容和开展活动，通过主题，将知识、经验与生活联系起来，还原学生一个能动的、有意义的、情境性的生活世界。

1. 系列主题与单一主题

系列主题与单一主题是整体与个体的关系。系列主题活动的主题是综合的，所以系列主题活动的设计也称为整体设计。系列主题可以进一步生成若干单一主题，如系列主题"环境保护问题"，围绕该主题派生出若干个单一主题：生活与垃圾、保护野生动物、社区环境调查、保护水资源、我爱小鸟……综合实践活动的课堂实施一般都以某个单一主题为独立单位展开活动。

2. 系列主题形成的依据

（1）依据地方或学校总体规划的活动领域

例如，某地区就综合实践活动课程确定了五个方面的活动领域：科

学方法研究、生活实践研究、可持续发展研究、科技问题研究、社区发展研究。那么，各个学校年级、班级、小组就应该依据活动领域，结合实际情况，形成不同的系列主题活动。

①纵向递进法。所谓纵向递进法，是指在一种结构范围内，按照有顺序的、可预测的、程式化的方向进行的思维形式，这是一种符合事物发展方向和人类认识习惯的思维方式，遵循由低到高、由浅到深、由始至终等线索。

②横向联想法。横向思维是爱德华·德·波诺教授针对纵向思维提出的一种看问题的新程式、新方法。他认为纵向思维者对局势采取最理智的态度，从假设—前提—概念开始，进而依靠逻辑认真解决，直至获得问题答案；而横向思维者是对问题本身提出问题、重构问题，它倾向于探求观察事物的所有的不同方法。

（2）直接根据课程资源

主题选择是综合实践活动设计的最重要的一个环节，活动主题来源是很丰富的，可以直接根据已有的课程资源进行选择。

①教材参考课题。在初次开展综合实践活动的情况下，教师可以综合实践活动教材中的已有活动课题。教师应分析、研究这些课题，了解本班学生的发展水平，读懂学生的生活经验，了解学生的基础知识，以便考查主题对学生的适宜度，对学生提出适宜的课程要求。在活动过程中，应该允许学生变动主题，以最大限度地适合学生的兴趣和经验。

②社区资源。社区的自然和人文环境蕴含着丰富的学习资源，可以充分利用社区和周边的环境，扩展学习的空间。在进行综合实践的过程中，就如何利用社区资源，让学生参与、了解社会，在活动中学、在生活中学，在真实的环境尝试运用所学进行一些探索和研究。

3. 单一主题形成方法

单一主题除通过系列主题直接演绎产生，还可以通过以下方式产生。

（1）头脑风暴法

头脑风暴法是一种集体创造性设计的方法，是由师生之间建立在平等、民主基础上以协商讨论共同选择确定主题的方法。

（2）画问题树或概念图的方法

形成相关的主题网络，教师在此基础上可以进一步用下列问题进行对话。

（3）对话法

对话法是团队学习的最主要方法。对话是组织成员基于相互尊重、信任和平等的立场，敞开心扉，讲出自己心中的愿望，揭示心中的假设，通过交谈和倾听，进行心灵沟通的谈话方式。

4. 主题确定要注意的地方

主题的确定要考虑课程目标的设立以及现实操作的可能性。另外，仅从学生角度考虑，主题的选择既要着眼于学生发展的社会需求，即人发展的共性需要，又要考虑现实生活中不同境遇的人发展的个性化或群体需要。其确定的选择权在学生，学生根据自己的兴趣爱好，在教师适度的引导下选择要研究的主题。

（1）学生的经验和认知因素

综合实践活动的主题可以各种形式出现，主题的来源可以使教师根据纲要精神和学生的特点以及经验基础加以干预，或者是在学生的兴趣爱好和经验基础上即时生成。但主题确定的关键点是学生已有的经验。所以作为教师预设的主题，应该考虑两个方面：一是学生的已有经验，二是学生所处学习阶段的发展目标。并以此作为衡量所选的主题是否与学生的已有经验相符合，大多数的学生是否能完成该主题的学习任务，主题内容是否与该年级阶段教育目标相符合以及活动开展是否有利于学生的成长和发展的关键经验。

（2）是否能提供足够的主题资源

综合实践活动课程的设计与实施实质可以说是课程资源开发与利用的过程。教师要考虑与主题相关的课程资源的可获得性，应该充分利用丰富的教育资源，研究和开发适合初中综合实践活动课程的教学资源，改变学生的学习方式，提高综合实践活动的设计与实施水平。

（3）主题的范围

到了初中阶段，随着年龄的增长，学生的抽象概括能力、探究能力以及社会交往等能力都有了发展，可以由学生自己发现问题，提出活动主题，并在教师的指导下选择自己喜欢的课题。

在刚开始进行综合实践活动时，应从主题包含范围较窄且学习目标较低的项目入手。在学生适应之后，再创建范围更广的主题，如跨课程项目或校际项目，并提高学习目标的难度。

（二）目标的设计

系列主题活动的目标是一个较为复杂的体系，是一个目标链，在此总目标下，有若干个单一主题的活动目标。

1. 指导纲要目标

认真解读指导纲要的目标是对目标具体化、情境化、个性化分解的前提，是完成目标的二度开发的重要依据。

2. 目标具体化

综合实践活动课程属于国家、地方、学校共同管理的三级课程，在解读国家课程目标的基础上，整合地方学校资源，由教师、学生、社区人士和有关专家共同构建具体的地方和学校目标，具体包括：明确目标的所属维度；区分目标的不同水平；选择合适的行为动词；采用适当的表达方式。

3. 注意事项

定义与当地教学标准（如果适用）相符的，可实现的真实学习目标。但这种总结并不是对主题学习实施程序的固定化，只是提取课程实施的内核，遵循上述模式与课程动态生成的过程并不矛盾。

（三）方式的设计

综合实践活动的方式是根据综合实践活动的主题内容、目标而定的。因为，在具体的活动过程中，随着活动的主题内容、目标的不断生成，活动方式也处于不断变化之中。

一般来说，综合实践活动的最基本的方式有对话法和探究法，在具体的活动过程中，对话法和探究法是灵活变化的。

从主题内容来分，可分为主题探究类研究性学习（包括自然探究和社会问题探究）、实际应用的设计、制作性活动、以社会考察为主的体验性学习活动、社会参与的实践性学习活动。

1. 集体研讨式学习

集体研讨式学习是指讨论、对话、交流、表达、朗读等表现性活动方式。学生的言语表达能力是抽象逻辑思维水平高低的反映，创造机会让学生在讨论、对话、交流、朗读中提高语言表现力与言语表达能力是综合实践活动课程中应强调的。

2. 体验式学习

体验式学习是指观察、访问、参观、调查等社会体验性学习活动方式，在体验中培养学生解决实际问题的能力和与人打交道的能力。

第一，参观服务：强调体验性目标，如对科技馆、文化展厅、敬老院、社区工作站。

第二，问卷调查：由一系列事先设计好的问题组成，它反映了探究者希望获得的信息。

第三，文献查阅。根据需要，拟定访问计划表和调查问卷表，并做好记录。

第四，搜集资料。通过各种途径，如文献、口述、实物资料、图像资料、网载资料等搜集资料，并记录下来。

第五，观察活动：对自然现象和社会现象的观察。自然观察如对植物生长，或者是观察废旧电池对植物生长的影响，社会观察可以对社会的某一现象进行观察和思考，如对消费倾向的观察。

第六，设计、创作、制作为主的应用性学习活动方式。实践活动要求学生动手操作，形成一定的问题解决能力，设计一幅作品，制作一种工具，开发一种产品，拟定一个方案，展现了对所学知识的运用程度以及学生的创造力、想象力，这种学习活动方式通常是可以测量的。

第七，项目制作：以解决一个比较复杂的操作性问题为主要目的，其目标是设计出比较科学合理，有一定创新性的方案或作品，一般包括社会性活动的设计和科技项目的设计制作。

（四）过程的设计

1. 活动准备阶段

（1）成立活动小组。以师生共同总结、归纳的问题为据成立活动小组，学生根据自己的兴趣、爱好和特长决定自己要参加的活动小组。由学生民主选举小组长，小组长主持小组的全部活动。

（2）制订活动计划。在小组长的主持下，对本组活动的主题进行讨论，制订本小组的活动计划。计划的内容一般包括活动主题的名称、预设的活动目标、预设的活动步骤和方法、拟调查和采访的对象、时间安排和人员分工等。

2. 活动开端的设计

活动开端的设计一般从观察、调查、查阅资料、走访相关人员开始。

在综合实践活动课程的开展过程中，根据需要，指导学生进行相关表格的设计，可以培养学生动手实践能力，让学生在活动中学会整理资料的能力。还可以使活动更规范地开展，从而提高活动效率。

3. 主体阶段的设计

主体阶段的设计是指综合实践活动进入实施后的主要实践过程。

4. 活动总结阶段的设计

活动总结阶段的设计要预留活动生成的空间，要求学生对生成活动主题、活动目标、活动方式，给予足够的重视。

在总结阶段，各小组应做好如下几项工作。

（1）资料整理与归类

各小组对本组成员通过各种渠道收集的资料，包括查阅的或网上下载的文字资料、拍摄的图片资料、访谈记录的整理资料、录音录像资料等进行整理与归类。

（2）撰写研究成果

各小组总结归纳，用不同的形式呈现自己活动的成果，其内容包括：调查报告、研究报告、研究论文、心得体会、活动感想、活动日记、活动资料的整理与摘抄、访谈实录等。

必须说明的是，综合实践活动课程强调过程比结果更重要，重视学生的参与。

（3）成果介绍

成果介绍是交流活动成果的常用方式。在通常情况下，由小组成员在全班同学面前汇报自己小组的活动成果，介绍活动的过程、收获和体会，回答同学的提问或质疑，并开展讨论。这既是对学生活动成果的检验，也是对其他同学的促进。

（4）成果展示

展示的范围可以班为单位进行展示，也可在全校范围内进行展示，还可走出校门，到社会中进行成果展示。总之，一切从实际出发，从需要出发。

成果展示的目的是鼓励学生积极热情参与综合实践活动，认可学生的亲身体验。

展示的形式多种多样，可用论文、调查报告、心得体会、感想、日记、图片等各种资料表现出来，也可以班级、年级或全校报告会的形式进行汇报，还可以采用各种文艺活动的形式，如短剧、相声、小品、朗诵、歌舞、快板书等进行汇报演出，甚至还可以把学生的各种成果汇编成册向社会进行宣传等。

（5）评价与反思

评价时，首先要设计学生自评与互评，学生谈在综合实践活动开展过程中的收获、体会、感想以及对活动的建议和意见。其次，由小组成员相互进行评价并做好评价记录。评价时，以总结成绩和经验为主，以肯定活动中的好人好事为主，以鼓励每一位学生的积极表现为主。最后，在学生自评与互评的基础上，由家长、指导教师和专门从事本课题领域研究或富有教育经验的人员进行评价。

二、初中综合实践活动方案的撰写

初中综合实践活动方案是活动设计的附属产品之一，是在确定活动主题后，教师指导学生生成活动方案，它是学生进行活动的重要依据。

（一）活动方案的作用

从广义上讲，任何一种形式的活动计划都可以是活动方案。综合实践活动方案的设计需要根据活动前期收集的信息，按照方案设计所需要的基本要素，对主题活动进行全面、具体的设计规划，它是一个创造性的工作过程。

自主制定主题活动的方案是学生自主规划活动的第一步。主题活动方案是学生开展活动前的必要准备，体现出活动的预设性，保障了活动有序地进行。教师和学生既是活动方案的开发者，又是活动方案的实施者。在设计方案时，活动方式应尽可能丰富，保障学生在一个主题活动中经历各种活动方式，在内容选择上要有一定的广度，让学生在活动中习得解决问题的方法，培养其自主解决问题的能力，达到触类旁通的效果。

（二）活动方案的基本要素

主题活动设计方案的基本要素包括：活动主题、活动目标、活动参与者（指导教师、组长、成员）、活动时间地点、活动的形式和方法、活动过程（分阶段、详细）、预计的活动成果、活动中应注意的事项、活动方案的评价等。

1. 活动主题及其意义

活动主题是活动内容的高度概括，它应反映整个活动的主要特征。综合实践活动主题是活动的精髓，主题设计得醒目、清晰，能引起活动对象的注意和喜爱。而主题名称直接反映着活动主题，是对活动目标的浓缩，对活动内容起到画龙点睛的作用。活动主题的名称一定要有感召力，要使活动对象受到感染，要能吸引活动对象积极主动地参与活动中。

2．活动目标

活动过程中要简明扼要地阐明选择本活动的意义，即活动的出发点、课程价值和现实意义，预计在哪方面可能有所突破，有自己新的见解或在实际中能够解决哪些问题，在哪些方面可能解决学生的体验，借以说明本课题研究的必要性与紧迫性。

活动目标设计是综合实践活动过程展开的首要环节。不管是总课题还是子课题，教师都要做好目标的设计，同时指导学生小组制定各自的活动课题目标。

3．活动条件的撰写

要明确活动资源的来源。可根据本地本校实际，点明计划开发和利用的课程资源（人、财、物）。在活动中，需要多少物质材料，需要多少经费等都必须事先分类分项做出估算。如有条件，尽量和本校课程资源结合起来考虑，坚持低成本、本土化原则。活动指导力量的配备是至关重要的。

4．活动参与者

活动参与者是指活动中的人的因素，包括学生和教师。教师个体或者集体也是活动主体的一部分，这是在进行综合实践活动教学中能够体验到的。

5．活动时间地点

活动的时间是指活动开始到结束所需要的具体日程，包括活动过程中各个环节所需要的具体时间分配。活动时间的设计一定要具体到分钟。

活动的地点是指活动的具体场所及其环境条件，根据活动主题的具体情况，可能是教室、操场、社区、乡村、工厂等。

6．活动过程（分阶段、详细）

活动实施过程是活动设计的重点，在过程设计中，不仅要有学生主要的活动内容的设想，还应该有教师指导引领的重点设计。

（1）活动准备阶段：发现并创造活动环境，激发学生参与的热情，调动学生的主体需求。

（2）主题选择阶段：通过先民主后集中的方式，让学生自主比较和筛选活动主题，努力拓展学生自主选题的空间，逐步培养他们组织活动的意识。

（3）方案制定阶段：寻找适合的活动方法。

（4）活动实施阶段：通过实践与探究，使活动能够持续有效地进行。拓展创新，将体验与探究继续与生活相联系。保持良好的参与心态，在活动中学会与他人合作，并形成合作小组关系、活动项目组关系等。

（5）汇报展示阶段：选择适当的结果呈现方式，学会表达与交流，展示与创新。

（6）总结反思阶段：在实践的基础上做不同层面的反思。

7. 活动中应注意的事项

第一，在活动的实施过程中就伴随着实施方案的不断调整，所以要及时地反思，对方案的调整和最终的实效性是很有益的。

第二，对初中学生而言，活动主题要从小入手，内容要丰富，形式要多样，对待养成性的持续发展的问题，要将活动深入到底。

第三，活动要贴近、巩固学生原有生活认知，拉近学生和生活实践的距离。拓展学生认知，创新科学发展观。

8. 活动方案的评价

活动评价应贯穿于综合实践活动的全过程，包括对学生的评价和对教师的评价。其中对学生的评价包括：学生参与活动的态度；学生对活动方法的掌握情况；参与活动的效果：参与度、感知度、提高度、合作度。评价方法有学生自评、生生互评、教师评价、家长评价和社会评价等。对教师的评价包括：是否将活动的实质贯彻于整个活动，以负责的态度和创新的意识参与活动实践；是否不断主动完善和更新自己的知识技能，以满足对学生广泛的指导需求；活动的计划、组织、管理、指导及其协作各方面事物、人物的能力是否得到提升。

第二节 考察探究的设计与实施

一、考察探究活动的设计

（一）考察探究活动设计的一般原则

综合实践活动是教师和学生一起参加的活动，为了保证活动的顺利进行，达到预设目标，需要遵循一定的原则。

1. 活动中各方面因素要协调一致

考察探究活动的设计过程中，要考虑的因素比较多，活动在设计过程中要充分考虑各方面关系的协调。无论是在时间还是教学安排上，都要协调好活动与学科课程的关系；要协调好教师与学生之间的关系；要协调好教师与家长、教师与社会人员的关系，考察探究哪些主题活动要走出校门、走入广阔的社会，考虑如何取得社会的支持；要协调好学生与学生之间的关系。

2. 严格按照计划进行，并能随时应变

活动设计要有完整的计划，对于活动的目标、主题、步骤等，在活动过程中应严格遵守。同时，也要考虑随着活动的开展和深入，常常会伴随新的目标、主题等生成，这就涉及预设与生成的问题，要处理好二者的关系。也就是说，教师在设计活动时，要留有空间，出现新的问题后不回避，而是深入探讨，从而产生新的观点甚至是新的结果。

3. 以校方为主，多方共同参与

综合实践活动是一门开放性的课程，特别是考察探究活动，与校外打交道的机会更多。这就要求活动的参加者在以校方为主的基础上吸引各方力量共同参与进来，使之更有利于活动的开展。

（二）研究问题的选择

1. 指导学生选择有价值的选题

（1）从寻常生活中取材

从综合实践活动的精神实质看，它是主要面向学生的完整的生活实践，而考察探究活动更是与学生的生活世界紧紧相连。因此，教师可以指导学生从他们自己的日常生活和学习中，从家庭、学校、社会中发现问题、思考问题，并将这些问题升级为具有教育意义的、可以研究的、具有一定操作性的活动主题，并通过这些活动，使学生在考察探究的过程中获得真实的感性的体验，建立生活与学习的联系，提高对综合实践活动的兴趣，培养对所处的社会、大自然的热爱、关注和关心。

（2）从时事热点中发现问题

考察探究活动，考察的是自然、社会，探究的也是自然的奥秘和社会的问题，这就要求教师引导学生关注社会热点问题，关注新闻事件，增强社会责任感。教师首先要关注社会，有敏锐的视野，善于捕捉社会热点和焦点问题，并将这种探究态度带给学生，让他们也善于从热点中发现问题，引导学生围绕时事热点展开活动。

2. 选题的原则

（1）小切口大深入

研究课题的选择，要避免选择宏大的主题，在选题时尽量选择小的课题，或者是将大课题从一个小的切口进入，只研究细小的、符合学生能力的一部分。有了小的切口以后，就可以进行深入研究、深入挖掘，这样的选题才会有价值。

（2）操作性强

操作性强是指活动主题要切实可行。选题时，要考虑主客观两方面因素。主观方面就是考虑教师，特别是学生的知识结构、能力层次等；客观方面就是考虑财力、物力、人力、时间等物质条件是否满足活动需求。

（3）有创新有特色

考察探究的选题要体现一定程度的创新。创新是课题的灵魂，最难的是创新，最有价值的也是创新。选题的创新有许多种，有研究内容的创新，即所选择的研究课题，没有人或者很少人曾经涉及；有研究方法的创新，即同样的研究课题，使用不同的研究方法；还有研究结果的创新，即同样的课题得出不同的结论。

有特色是指综合实践活动的主题，特别是考察探究的课题选择时要体现地方特点。每个地方都有其他地方所不具备的特色，学校在开展活动时要结合本地本校。要善于借鉴，更要自我创新，善于利用现有的资源，认真整合地方资源和本校特色。

（4）留有空间

课题在设计活动目标时，都有预设的目标和周密的活动计划，一方面，活动要严格按计划和预设的目标进行，另一方面，也要为活动留有一定的发展空间，也就是说要为活动主题适当留白。

（5）多整合

一个好的选题，一定包含了多个方面的目标，是整合的统一体，要融合生活、自然、社会、自我的内在联系。

（三）活动方案的设计

1. 确定活动名称

当确定好考察探究的活动主题后，要为活动确定一个合适的名称，这就涉及课题的表述。课题的表述需完整、简洁，题目要与内容相符合，要有一定的创新性。

在选题时，教师可以采用头脑风暴的方式，让学生畅所欲言，提出各种问题，而接下来的问题筛选才是选题环节的难点，也最见教师的水平。教师作为指导者应该把大部分的时间放在问题的筛选上，要指导学生有层次地对大家提出的若干问题进行筛选。在学生发言的过程中，教师要鼓励学生，大胆表达自己的想法，教师在其中穿针引线，引导学生将看似杂乱无章的问题逐层筛选。筛选问题成功的秘诀就在于尊重学生的想法，无论这些想法多么幼稚，最重要的是让学生勇于表达，大声说出来，只有实现表达的不同，才能充分调动并发挥学生的主体作用。

需要注意的是，在头脑风暴中，为了防止因学生提出的问题过多而显得杂乱，教师要学会筛选。对学生提出的问题要有所选择，选择那些值得研究的、有价值的、真实的问题。学生在教师的指导下，学会将自己提出的问题进行整理、修改，理出清晰的层次。

充分尊重学生的选择，这不仅仅是教育教学中的基本理念，对于综合实践活动来说，这个理念尤其突显。当然，真正实施这一理念，势必会对教师提出更高的要求，不仅仅是责任心，指导的难度也会有所增加。实际操作层面，教师在教学中，要采用倾听和追问的技巧。倾听就是认真听，不急于回答学生的问题，为了了解学生的真实想法，带着关心的目光去听。追问就是追踪询问、刨根问底，并对这些问题进行有针对性的、有层次的、有效的指导。

2. 说明活动的目标或意义

考察探究的主题确定好后，教师要根据主题内容提出相应的活动目标。活动从整体上有总体目标，为了便于执行，要对目标进行分解，把大的目标分成若干小目标，并加以说明。活动目标可以分为三类：第一类是总体目标，也就是说，在探究活动中，小组所要达成的目标可以作为总体目标，这个目标是大家共同完成的目标，是始终放在第一位的。第二类是个人目标，即活动满足个人的兴趣和愿望。第三类是实际的目标，也就是说，研究解决了所提出的问题。

3. 界定研究内容

课题选定后，要界定研究的内容。研究内容的界定是活动的重要方面，有了研究内容，才知道要研究什么，例如，从哪些方面入手、分成多少个步骤等。

界定内容的方法主要有以下几种，下面分别进行说明。

（1）辐射式

辐射式就是从中心向四周发散开来，各种活动没有先后顺序，也没有逻辑关系，因此，无论从哪个活动入手都可以。

（2）递进式

以递进式开展的综合实践活动，逻辑性比较强，活动的进行要遵循一定的步骤，这些步骤在一定程度上是不能调整的，它必须是一层一层、由低到高地进行，如一些小制作、小发明，考察探究类活动中，也有许多层次感很强的案例。

（3）分解式

分解式特别适用于那些比较大型的活动主题，它可以根据情况分解成不同的子课题，每个子课题可以独立成章，学生可以根据自己的情况进行分组，自主选择自己喜欢的研究课题。

（四）选择研究方法

研究方法的选择要根据课题的需要，也要根据课题不同阶段的需要进行选择。

常用的研究方法有文献研究法、观察法、调查研究法、实验研究法。在选择研究方法时，可以将多种研究方法进行组合。一般来说，考察探究中，以上这几个研究方法几乎都可以在一定程度上用到，只是侧重点不同。

（五）设计研究步骤需要注意的问题

为了系统、有条理地开展综合实践活动，需要设计一定的步骤，特别是那些递进式的主题活动，要注意每个步骤之间的先后顺序，甚至有些情况下步骤是不能调整的。在设计研究步骤时要注意以下四个问题。

第一，研究过程分解的阶段或者步骤并非越细致越好，可以在大步骤里再分解成小的步骤。

第二，每个步骤都要有研究内容和应该达到的目标或要求。

第三，每个步骤需消耗的时间也要提前计划。

第四，每个步骤都要有相应的人员分工和工作安排。

二、考察探究活动的实施

考察探究活动是个非常宽泛的概念，考察探究的场所可以是学校、家庭，考察探究内容可以是自然的、经济的、文化的、社会的，如考察当地的植被、生物多样性问题、旅游资源等；可以考察当地的经济状况、产业支柱、特产，如考察当地的名小吃等；也可以考察探究当地的文化名人，从过去到现在，凡是对本地作出过贡献的古今人物，都可以作为考察探究的对象，在这个过程中，增强学生的家乡自豪感。另外，还可以将"研学旅行"项目纳入考察探究活动中，鼓励学校开展有组织、有目的、有计划、学生亲身体验的校外集体活动。

（一）课题的确立与启动

考察探究的第一步是确立研究课题。课题确定以后，就可以进入启动阶段。学生要学会根据课题制订研究计划，从而指引后续的整个研究活动。研究计划的制订包括课题的名称、研究进程、材料的准备等。学生应事先预想在实施过程中会出现什么难题，并提出相应的解决方案。学生也须在教师指导下了解常见的研究方法，并根据课题实施的需要选择部分适用的研究方法。为使学生在研究过程中及时、准确地搜集所需资料，必须在这个阶段设计好相应的现场观察表、访谈提纲、实验方案或社会调查表等。

（二）课题的实施

课题的实施是活动最为关键的环节，课题的实施在进入现场后展开。学生须带着研究问题和假设走进现实的情境或现场，进行一系列的研究活动。在课题的实施中，学生要使用相应的研究方法，如观察法、访谈法、实验研究法等，这些方法的使用要提前灵活掌握。考察研究课题有些是有预设、假设的，在课题实施过程中，要对提出的研究假设进行验证。

（三）课题的呈现和交流

考察探究活动要有始有终。本阶段的主要任务是将课题的研究结果呈现出来，以便总结反思，并为后来的研究提供借鉴。课题的呈现方式很多，可以是研究报告，也可以是表演、海报、倡议书、音视频等。研究成果以及研究过程中所积累的素材要全部归纳总结好，并形成档案，妥善保管。

课题的研究成果不光要呈现出来，还要在班级范围内进行交流，只有交流才能发现彼此的不足，才能更好地反思和改进。交流的内容可以是多种多样的，如课题本身的价值程度如何，研究计划是否全部完成，成就是什么，遗憾有哪些，如何进行下一步的改进等。

第三节　社会服务的设计与实施

一、社会服务活动的设计

社会服务即以前的社区服务与社会实践，指学生在教师的指导下，走出教室参与社会活动，以自己的劳动，小到服务于生活的社区，大到服务于社会，如学雷锋、走进敬老院等志愿服务活动，种树等公益活动以及勤工俭学等社会实践活动。社会服务的范围很广泛，无论是哪种性质的活动，一方面，它强调学生的亲自参与，对于所服务的组织有所帮助；另一方面，学生在这个过程中也获得自身的发展，促进相关知识技能的学习，提升实践能力，成为履职尽责、敢于担当的人。

（一）社会服务活动主题的选择原则

1. 适应学生身心状况，促进学生身心发展

在选择社会活动主题时，要考虑学生的年龄特征，根据初中的年龄阶段选择合适的主题活动，即使是同样的主题，也要有所区别。

2. 适应社会发展需要

社会服务不仅仅限于学生生活的社区，作为综合实践活动中的四大重要主题之一，社会服务活动通过教师对学生的引导，让学生积极参与其中，能够丰富学生的情感体验。在活动主题的选择上，不仅要考虑学生的身心发展，还要适应社会发展的需要。

社会服务活动的选择主要围绕以下几个主题进行。

第一，人类生活的基本活动或社会运作的基本方式，如"生活自理我能行""农事季节我帮忙"。

第二，人类社会当前面临的共同问题和所发生的重要事件，如"我做环保宣传员""做个养绿护绿小能手"。

第三，社区群众共同关心的话题，如"社区公益服务我参与""我为社区作贡献"。

第四，社区主要成员的社会角色及其职业，如"交通秩序我维护"。

第五，不断扩大的社区范围，如"参与公共文化服务""做普法志愿者"。

3. 尊重学科逻辑，体现教育教学规律

初中综合实践活动与学科教学有着同等重要的位置，在选择主题时，要与学科教学紧密结合，相互渗透。因此，在综合实践活动主题选择时，要兼顾"知识科目"与"实用科目"二者之间的内在关联。对两种不同的逻辑体系的知识范畴进行整合时，也要注意彼此之间的目标指向、范畴体例和逻辑预演。

在选择主题活动时，要配合课程标准规定的大纲，当前社会的发展以及特殊时期的主题，如开展"雷锋活动月"活动时，就可以进行"我为社区服务"这类学雷锋做好事的活动。

（二）社会服务主题选择的具体要求

1. 考虑实际需要

社会服务主题的选择既要考虑学生身心发展的需要，又要考虑社会发展的需要，同时，还要考虑学科发展的需要。这些需要的满足都应有合理的规划，使整个活动的开展有计划、有步骤，也能够随着社会现实环境的变化而有所变化和更新。

2. 体现地方文化特色

社会实践活动要体现地方文化特色，充分利用当地的文化资源，从中挖掘可利用的教育资源。如山东省的彩印花布也称为"花包袱""包袱皮"，是我国非物质文化遗产，它源于秦汉时期，兴盛于唐宋时期，以奇异的艺术形式、独特的面貌、古朴而浓艳的风格见长。社会实践活动完全可以围绕这一文化遗产，开展一系列的活动。因此，社会实践活动的选题要体现地方文化特色，要充分考虑当时当地的情况。

3. 重视经验的衔接

学生在参加社会服务时，对于所要参加的活动已经有了间接的经验，在此基础上，学生的体验会更加丰富且更真实。如学生参加社区环保志愿者活动，在这之前，学生对于环保知识已经有所了解，对于所要参加的活动也有一定的知识储备，甚至有的学生可能参加过类似的活动，这时再去参加环保志愿者活动，就没有隔阂和屏障。因此，教师在组织社会服务方面的综合实践活动时，要考虑学生的间接经验，在此基础上，让学生在实践活动中再次获得直接经验，从而衔接间接和直接两种经验。

（三）活动方案设计的基本取向

1. 技术取向

技术取向的活动方案在设计时，通常采用"研究—开发—传播"的方式。也就是说，技术取向的活动方案严格按照课程标准进行设计，假定学生在学校中会形成共有的价值观念和行为方式，学生在社会活动过程中会遇到相同或相似的问题，可以根据这些前提设计一套活动方案；设计者认为，如果按照这套方案，就能解决所有问题，达到预定目标。

2. 文化取向

活动设计方案的文化取向认为，活动过程中既有冲突也有整合。面对不同群体的文化冲突，要求教师在以课程标准为蓝本的基础上，对预设的活动方案进行重新思考，综合考虑人文地理、民俗风情、学生心智发展水平、教师队伍建设、课程资源开发等多方面因素，尽可能满足多数人的不同需求。

（四）活动方案的具体设计

明确的活动方案设计应当包括指导思想、活动目的、设计意图、活动内容、活动时间、活动对象、活动感悟等。在设计活动方案时，要注意两点：第一，要有进度安排，以此保证活动按时完成；第二，要对活动有前期地、全面地了解。可以通过网络、调查等方法获得相关信息，做到心中有数。

二、社会服务活动的实施

(一) 明确服务对象

开展社会服务活动首先要选择服务对象。综合实践活动中，社会服务活动的对象是十分广泛的，它可以是单个的人，也可以是一个群体，如敬老院的孤寡老人；还可以是社区里的或者周围的小动物，如流浪猫等；或者是植物，如过冬的树。

(二) 制订实施计划

制订活动实施计划是实施社会服务活动的重要一步。在制订计划时，教师要和学生一起讨论。要明确活动实施的先后顺序，对于活动名称、活动实施者、活动指导者、活动地点、活动时间、实施步骤、注意事项等，都应事先有所准备。在制订计划时，要注意以下几点。

第一，制订计划要明确细致，做到人员分工明确，活动有内容、有目标、有评价。

第二，活动方案要有可行性。要对活动方案的主客观因素进行分析，对于那些可操作性较差的活动，要重新论证，从各个方面进行修改，提高其可操作性。如果活动虽然很有意义，但无法修改到具有一定的可操作性，建议放弃，或者重新选择。

第三，制定活动方案时，要关注小组成员的特点，根据其特点进行任务的分配。

第四，教师指导要及时、到位。

(三) 实施活动

根据制订的计划，学生或小组成员在指导教师带领下，走进开展社会服务的活动场所，进行观察、访谈、实验、记录等多种形式的活动，让学生在活动中进行体验。在活动中，教师一方面要注意学生的安全，另一方面要随时关注学生的参与感和参与兴趣，可以适当对活动步骤进行调整。

在实施过程中，为了保证活动优质优量完成，还要注意以下四个方面。

1. 活动形式尽可能多样化

在活动实施阶段，尽可能采用多种方式，如观察、考察、访谈、统计、实验、测量、制作、社会宣传、演示、表演等。这样可以给学生更多展示的机会。另外，要根据活动的特点，有意识进行选择，并突出几种主要的活动方式，将其他活动方式作为辅助。

2. 进行方法指导

活动形式多样，有些涉及实践方法和技能的，教师要对学生进行必要的事先指导。如有些涉及资料收集的，教师要教会学生使用检索工具进行检索；涉及社会调查的，教师要教会学生如何设计效度高的问卷，教会学生如何进行访谈。"以用促学"，即学生在活动中，为了活动更好地实施，也会主动学习，这样不仅促进了学科的学习，另外还能吸收到课堂上学不到的知识和技能。

3. 组织协调各方面关系

社会服务因为涉及学校之外的社会组织，因此，在实施之前，应先由教师出面，协调好各方面关系，得到学校、家长、社会组织等各方的支持，为社会服务活动的顺利开展创设良好的外部环境。

4. 指导学生做好记录，做好反思

记录的方法有当场记录和事后记录。教师要指导学生采取多种可能的手段，如记录本、摄像、录音等；也可以采取事后记录的方法。

(四) 反思与评价

活动结束后，要对本次活动进行反思和评价，做到有始有终，让学生通过活动有所收获，使活动由"外向性行为"转变为"内向性学习"。总结的方式可以分为静态的和动态的，静态的方式包括调查报告、体验日记、论文、摄影作品等，动态的方式包括演讲、口头报告、讨论等。

反思是渗透在社会服务活动的全过程中的。因此，作为一个专门的步骤和阶段，反思也是社会服务活动不可或缺的组成部分。活动结束后

的反思带有总结的目的，既是对实施过程中若干反思的总结，又是对整个活动的最终反思。反思的形式有多种，诸如撰写论文、组织讨论以及自我反思，这些都是反思的常用形式。

（五）分享

综合实践活动中特别重要的一项环节是分享。分享把话语权充分交给学生，让他们对自己的活动成果进行展示，获得他人的认可和激励。分享是一种多边交流，在分享中，学生也能获得某种间接经验和启发。

分享的形式有多种，包括文字、图片、音视频和表演等。分享可以是学生间自发的，也可以是从学校层面有意识地组织的，如学校可以编制一份报纸或者在校园里开辟展示专栏，展示服务学习参与者的人名和照片以及服务学习的成果。

第四节 设计制作的设计与实施

一、设计制作活动的设计

（一）凸显主题活动目标的"准度"

主题活动目标的设置是综合实践活动课程的关键部分，所以，在活动落实过程中，主题活动目标必须保证"准度"的实现。

（二）彰显活动内容的"广度"

为了达成活动目标，教师要努力给所有学生设计和筹划具有特色的主题活动内容，要以丰富的活动内容为依托，落实和实行活动目标。

1. 基于学生实际，删减主题活动内容

在教学中，要以学生实际为出发点，对教材内容进行取舍，在综合实践主题活动的内容设计过程中，教师要对每个学生的实际情况进行了解，同时也要适当地删减主题活动内容。

2. 基于内容特点，分解主题活动内容

综合实践活动的主题内容，在教材的描写中统一性较强，并且有一

定的模糊性,对个别部分的主题活动内容,教师要学会综合地分解,让它们以小主题的形式出现在学生的眼中。

3. 基于认知规律,深化主题活动内容

规律性始终存在于学生的学习中,假如教学遵循该规律,学生就可以及时地完成学习任务。综合实践活动的实施中,教师要把握该规律,在实际的教学中不断深化主题活动内容,提出层次化处理的办法,保证主题活动内容的顺利实施。

(三) 体现主题活动指导的"效度"

在活动主题中,在内容和目标确定的基础上,初中学生所开展的活动不能随便进行,所以,教师要仔细观察学生的行为并进行有效的引导,针对不同性质的内容,要做出"深度"地指导。

1. 对初中学生的实践活动方法进行指导

教师在实际的教学中,对学生进行实践活动的指导包括:从宏观角度上看,在落实研究性学习前,教师所给出的指导都属于方法指导型,其重点为不断提升学生的知识技能。方法指导不能仅表现为教师如何指导,在对知识进行讲授的过程中,教师要具体分析案例,让学生懂得怎么运用好方法。

2. 对初中学生的实践活动操作进行引导

在教学活动过程中,初中学生实践活动的具体操作必须得到教师的正面引导,这样才可以保证学生综合实践活动的整个过程有研究性学习活动的出现。

教师要提出各种问题,让学生积极地观察,接着在教师演示操作下,让学生体验操作,最后总结结论。教师指导的步骤包括:提出问题;引导实验;总结讨论。在验证过程中,应挖掘每个部分的科学原理,保证教学过程的时效性。

3. 对初中学生的实践探究发现进行引导

如在"纸的探索"主题活动中,可以用课件的方式展开;当确定对有关"纸"的内容进行研究时,师生都思考研究纸的哪些方面。在讨论

后没有得出统一答案的情况下，指导学生通过小组讨论确定。以小组为单位进行分组讨论时，所有组员要确定自己的研究方向，最终，支持者最多的观点及方案就是该小组的研究方向。在整理所有内容后，构建"纸与环境""纸的历史""纸的用途和分类"三个子课题。在问题确定后，教师建议每个小组都回去收集资料，每个人以短文或小论文的形式总结和展示自己的研究内容，并做到随时整理。小组为完成自己的研究任务，要不断地深入研究，将各个组员的研究内容进行总结，完成生动、特点鲜明的研究报告。

在该案例中，教师通过多媒体的方式，对纸的各个部分的内容进行分类，创设相关的情境，让学生对探索产生浓厚的兴趣，围绕各个主题进行讨论，以小课题的形式进行归纳和指导。教师整理各个部分的内容，不断分析并提出要求，对于活动实施的环节给予鼓励和支持。在活动完成后，完成总结报告，教师对内容不充分的部分给予补充。指导过程中教师要给予学生大量的时间，而情感支持和注意事项讲解则是教师要完成的主要指导任务。

二、设计制作活动的实施

虽然不同类型的设计制作过程不尽相同，但总体来说，设计制作的关键要素包括：创意设计；选择活动材料或工具；动手制作；交流展示物品或作品；反思与改进。

(一) 创意设计

设计本身是关于多元解决方案的提出与选择。因此，几乎所有的设计活动都有两个关键要求：一个是创造性和想象力；另一个是全面性和苛求性。这一阶段的任务主要包括：定义问题，即明晰"问题"的本质属性，全面考虑设计的约束条件（如可用材料的限制），厘清与该问题相关的学科知识（如科学概念）。进行猜想，通过集体讨论表达（如绘制思维导图）设计理念，并将不同的解决方案呈现出来。从中选出一个设计理念、一套解决方案。

为了体现设计的教育价值，还需注意设计的一般特征，如设计过程是一个学习过程，设计需要互动，设计需要理性和直觉性思维，经由设计得来的新事物具有实用效能等。

(二) 选择活动材料或工具

选择合适的材料和工具是使创意设计的梦想变成现实的重要条件。设计制作的材料包括：纸、木、皮、布、纱线、泥沙、金属制作材料等。工具包括：锯、钳、锥、钻、锉、针、笔、电加工等传统工具；编程工具、数据库、可视化工具、概念图、超媒体等思维工具；激光切割机、3D 打印机、摄影摄像机、机器人等数字化、智能化工具。

在这个过程中，需要注意的是要为学生对材料的判断、自身能力的判断提供机会。材料的判断指能够根据解决问题的需要、现实条件及材料本身的属性特征选择恰当的材料。为了发展这样的 "材料认知技能"，需要为学生提供一个独立判断与选择的机会，哪怕是做出不恰当的甚至是错误的选择，也可以是反思性学习的契机。自身能力的判断指学生可以观察并判断自身能力的限制。

(三) 动手制作

创意物化意味着学生需要进行现场工作，进行系列程序的 "动手" 操作，将创意物化为人工制品。动手制作的程序包括：折叠、裁剪、切割、测量、烧铸、制模、作图、激光雕刻等手工制作以及建模、编程、3D 打印等数字制作。例如，在初中阶段，学生可以开展手工设计与制作，借助信息技术，设计并制作有一定创意的数字作品。在初中阶段，设计、制作不断改进较为复杂的制品或用品，或以各种思维工具进行建模等。

当然，制作活动并不仅限于 "手"，通常还包括心灵、眼、耳、口、足等方面的技能和动作的相互适应和协调。在这个环节中，需要特别注意工具使用的安全性与规范性。

(四) 交流展示物品或作品

交流展示物品或作品是设计制作过程中不容忽视的一个环节。学生通过交流设计制作的实践过程，展示实践成果，解释其工作原理。

在此过程中需要注意两点：首先要鼓励学生以多元方式进行交流、展示，促进多元化自我表达能力的发展。例如，可以用戏剧表演、绘画、数字故事等方式进行表现，以展板、橱窗、电子显示屏等多种手段展示物品或作品。其次要鼓励学生相互欣赏、相互关心，不断践行积极的倾听与对话。这既有利于学生审美意识、交流能力的发展，也有利于团队意识和互助精神的形成，为学生社会责任感的发展奠定了重要的基础。

（五）反思与改进

反思与改进过程是学生发展反省思维必不可少的环节，且这里的反思具有双重意义：第一个意义在于学生通过对实践过程中的行动及其结果做出思考，可以使行动及其结果更趋完善；第二个意义在于学生的"在行动中反思"变得更加娴熟，从而成为反思型实践者。

此外，为使设计制作活动具有真正的教育价值，还应满足的条件包括：一是以特定活动目的和行为激发、维持学生持久的兴趣；二是避免只有琐碎的活动、暂时的娱乐性，而是要让活动本身具有内在的价值；三是在设计制作开展过程中要适当地提出问题，以唤起学生的好奇心与求知欲望，以将其思维引向一个新的境界；四是要有充足的活动时间，以确保设计制作活动过程中的连续性。学生通过经历这一多阶段、多步骤、多维度的设计制作过程，既加深了对设计、制作内涵及其特征的理解，也发展了自身的社会理解力和责任感。

第六章　初中综合实践活动课程的评价

第一节　初中综合实践活动课程评价的理念和作用

一、评价界说

评价伴随着人类活动的存在而存在，人类活动过程中表现出的趋利避害与动物的趋利避害不同，动物的趋利避害是本能，而人的趋利避害是在本能基础上又附加了理性思考，这种理性的思考或者说认识可以理解为一种评价活动。

（一）评价与价值

人的认识活动有两种：一种认识活动是揭示事物的属性和规律，寻求世界是什么。这种认识活动中人们力求摆脱主观因素对认识过程的影响，使人们对世界的认识接近真实。可以把这样的认识活动称为认知，包括感觉、知觉、记忆、思维等心理活动，这种认识活动不包括情感与态度。另一种认识活动是揭示世界的意义和价值，寻求世界对人意味着什么，有何价值。这种认识活动是建立在寻求世界是什么的认识基础上，发现价值的认识活动。人类的一切活动都是为了发现价值、创造价值、实现价值和享用价值，而评价就是人类发现价值、揭示价值的一种根本的方法。所以说，评价是一种认识活动，是人把握客体对人的意义、价值的一种观念性活动。因此，评价是揭示世界的意义和价值、寻求世界对人意味着什么的认识活动。简言之，评价是对价值判断的活动，目标是揭示主体与客体之间的价值关系，是对客体满足主体需要程度的价值判断活动。评价不能创造价值，但评价可以揭示价值的存在，使人们意识到价值的存在是价值实现的重要途径。

价值这个普遍的概念是从人们对待满足他们需要的外界事物的关系中产生的，由此可见，价值这一概念与人的"需要"有着密不可分的关系。"需要"这一概念有三层含义：第一，需要是一种摄取状态，是主体有目的的活动动力。第二，需要总是与不足和缺乏联系在一起。第三，需要是在主体生存发展过程中产生的，具有动态性。由此可见，价值为人"需要"而存在。

评价主体在特定的观念中会构建一个价值世界，通过评价，追求其构建的价值。某一客体价值如何，而取决于不同的评价主体对客体价值不同的判断，而这种判断是基于评价主体的价值取向和价值观念。

(二) 价值取向与价值观念

价值取向是指对于客体的价值，不同主体有不同看法，表现出不同的倾向性，这种倾向性一般称为价值取向。

价值观念是关于客观对象的作用、意义以及客观对象价值的总观点、总看法。价值观念是评价主体关于客体世界（人生、社会、自我）价值的根本观点，它是评价主体的心理背景系统的核心。所谓心理背景系统是评价者在一定的文化背景和社会关系中通过一系列特定的社会活动所形成的需要社会系统。因此，主体价值观念受其生活生长经历、所处社会环境的文化背景及其在其间的社会关系等的深刻影响。

在主体价值观念的作用下，形成价值取向，以多种形式作用于评价，其中主要是以评价标准的形式作用于评价。

可以认为，只要人类活动存在，每一天都会伴随着活动进行评价。评价充斥在人们生活的每个角落中，在不同的价值观念下，形成人们的价值取向，评价的最核心作用就是对人们的行为起着导向作用。

(三) 教育评价及其发展趋势

在社会的发展过程中，社会对各个职业领域不同层次的人才有不同的"需要"，每个人生存"需要"一定的职业技能或谋生的能力，成为社会"需要"的人才，这都表现出社会及社会生活中的个体对教育的

"需要"，这种"需要"就形成了教育的价值。由此，可以认识到教育评价的本质：教育评价是对教育活动满足社会与个体需要的程度作出判断的活动，是对教育活动实现的（已经取得的）或潜在的（还未取得的，但有可能取得的）价值做出判断，以期达到教育价值增值的过程。教育评价是伴随着学校教育的出现而产生的，教育评价的发展是在社会发展过程中随着社会以及个体对教育"需要"的变化而发展的。现代教育评价发展有几方面的特点：从简单的纸笔测验到观察学生表现，从单一的考查学生记忆知识的情况转向侧重考查学生问题意识、解决问题的能力以及创新能力的发展情况，从重视传统的语言智能和数理逻辑智能的评价到关注学生不同智能发展的评价，从单纯知识与能力考查到包括认知、能力、情感、态度、价值观等方面的综合评价，评价的主体从一元到多元。总之，现代教育评价的发展对综合实践活动课程的评价理念有着重要的影响。

二、初中综合实践活动课程评价理念

初中综合实践活动课程要求评价对学生的发展价值，突出评价理念对课程教育价值的追求、对综合实践活动课程评价的要求与原则制定、课程评价的实施起着指导作用。其评价理念具体表现在如下几个方面。

（一）将评价与课程、教学和学习活动融为一体

初中综合实践活动课程的实施过程中要将课程、教学、学习和评价进行统整，使它们融为一个有机整体。初中综合实践活动的学生评价要融入学习活动过程中，成为学习活动过程的一部分或一项内容渗透活动的各个环节，让学生在综合实践活动课程学习的不同阶段，各项学习活动的不同阶段通过评价了解自己的进步，监控自我发展，认识自我优势与不足，从而使学生评价与学习活动形成一个有机整体。例如：学生在活动开始前期，师生共同制定评价标准，通过评价标准制定引导学生在活动中的发展方向；学生在活动中期，通过交流评价，发现活动中在方法、研究思路、获取信息的途径等方面存在的问题，为后续活动中各方

面调整提供参考。因此，学生评价的过程即学习的过程。

初中综合实践活动的教师评价要从教师在资源开发、活动实施与指导等方面进行，伴随着课程的开展与学生学习活动的深入，教师要不断地进行自评和阶段性的他评与交流，提高课程的实施与活动指导能力，教师评价的过程即是课程有效实施与教师成长的过程。总之，综合实践活动课程评价要作为师生共同学习的机会，为课程发展提供反馈信息，实践于教学，通过评价促进师生反思，使教师、学生及课程整体发展。

(二) 实现评价的多元化

在初中综合实践活动课程中，无论是对学校对课程设置管理、教师课程的实施以及对学生的评价都要强调评价多元化。多元化表现在评价的价值取向、评价标准、评价内容、评价方法和评价主体等方面。

1. 评价价值取向与评价标准多元化

初中综合实践活动课程的评价强调多元价值取向和多元标准，对同一个被评价者，评价主体不同，对价值的认识不同，标准也不同；对不同的被评价者，评价中对价值的认识、标准也不尽相同。综合实践活动评价有能力与方法价值取向、情感态度价值取向等，评价中价值标准也因学生个体差异及发展情况呈现多元性。

学生在自评和他人评价时有着很大的差距，这个差距主要表现在情感与方法的价值取向及标准上，自评的价值取向更关注态度，他人评价更关注方法，而教师在评价中引导学生多元评价，客观综合地看待问题。

在初中综合实践活动评价中，要肯定学生与世界交往的多元方式，学生具有多元的认知风格和学习策略，不仅表现为学生群体之间具有多元的认知风格和学习策略，还表现为同一学生个体在不同的发展领域具有多元的认知风格和学习策略。学生不仅对问题的解决可以有不同的方案，而且表现的形式也可以丰富多样。应该特别注意评价他们在解决问题和创造产品的过程中所体现出来的多样化的认知风格和学习策略。在学生评价中，要认识到学生的成长和发展是多方面的，对学生个体多方面的发展做出评价，从不同的视角对学生的发展进行评价，通过评价更加真实地反映学生发展的全貌。

2. 评价主体多元化

在学生评价中还要积极提倡评价主体的多元化，评价主体可以有学校管理者、教师、学生、家长以及参与学生活动的社区人员乃至有关课程教学的专家。这种评价建立在主体之间相互理解、相互信任的基础上，加强学校、教师、家长、学生乃至社区等社会人员之间的沟通，使综合实践活动教育教学活动吸纳社会一切可以利用的教育资源参与评价，参与学生的学习活动，正是这样的评价才能满足学生成长以及社会对人才培养的需要。

3. 评价方法多元化

在评价促进学生发展的理念下，评价的方法是多样的，不同的活动、活动的不同阶段采取的评价方法可以是多样的。如用量表的表现性评价、即时评价、档案袋评价、描述性学生评价等。综合实践活动学生评价方法多元化一方面有利于真实地描述学生在实践活动过程中的表现与进步，使学生更加全面地看到自己的成绩与不足，以积极的心态更好地加入学习活动中；另一方面可以及时调整学生的学习方法甚至活动内容以及研究方向等细节，把综合实践活动引向深入。

（三）实现对过程评价与对结果评价的并重

综合实践活动评价重视学生活动过程，重视学生在活动过程中的表现以及他们解决问题的方法。如学生获得结果前的思考与推理、假设与猜想、方案设计与实验论证，在解决问题的过程中付出的努力，对待失败的态度和补救失败的应对措施，在获得结果过程中的各种体验与感受等。综合实践活动评价是过程评价与结果评价并重，从宏观上说，评价中重视过程是相对于以往只重视结果而言的。评价不仅应关注学习的效果，还应关注学生学习过程中的动机和方式过程。学生在学习过程中表现出来的动机和情感态度，学生在学习中所采用的学习策略都是学习过程中的动态表现。综合实践活动的学生评价应该是追求过程与结果价值的统一，即使学生在实践活动中由于某些因素没有取得很好的结果，作为教师也要关注学生在活动过程中产生的困惑、痛苦、欣喜、挫折感等生命的体验与感悟，关注学生在这一过程中的探究与协作、实践与反思，这一切都是学生成长的收获。

(四) 树立评价是为了促进发展的观点

各学校和教师要以促进学生综合素质持续发展为目的，设计与实施综合实践活动评价。就评价促进学生发展的问题，坚持学生成长导向，通过对学生成长过程的观察、记录、分析，促进学校及教师把握学生的成长规律，了解学生的个性与特长，不断激发学生的潜能，为更好地促进学生成长提供依据。评价的首要功能是让学生及时获得关于学习过程的反馈，改进后续活动。要对学生作品进行深入分析和研究，挖掘其背后蕴藏的学生的思想、创意和体验。因此，综合实践活动的学生评价要建立在发展观的基础上，由"选择适合教育的学生"转向"创造适合学生的教育"，倡导评价全面化，由侧重甄别和选拔转向侧重学生全面发展。具体来说，学生评价不仅应关注过去、现在，而且应关注其未来发展，关注个体面向社会的需求、未来发展的需要。每个学生都有独特的精神世界和心灵体验，都是一个独立自主的人，综合实践活动的学生评价关注学生情感、态度、价值观在活动中的形成，关注学生的成长过程中的兴趣、态度、意志、毅力等非智力因素和精神领域的价值观的评价。

建立促进教师不断提高的评价体系。强调教师对自己教学行为的分析与反思，建立以教师自评为主，校长、教师、学生、家长共同参与的评价制度，使教师从多种渠道获得信息，不断提高教师的教学水平。综合实践活动的教师评价与学生评价一样要着眼于教师的发展，课程要求教师要有课程资源开发意识和能力，在实践中，教师与课程共同发展。

发展观也体现在课程的发展上，建立促进课程不断发展的评价体系，周期性地对学校课程执行的情况、课程实施中的问题进行分析评估，从而调整课程内容，改进教学管理，形成课程不断革新的机制。因此，在课程实施与课程资源建设等评价方面也要注意树立发展的观点。综合实践活动课程资源来自学生生活世界、来自现实社会，开发综合实践活动资源及实施综合实践活动是一个动态发展、不断完善的过程，在对综合实践活动课程实施评价时站在发展的角度，通过评价促进综合实践活动课程建设和资源开发。

在初中综合实践活动课程的建设与实施过程中，课程评价的发展观使学校对综合实践活动课程的落实、综合实践活动课程资源开发、综合实践活动课程师资队伍建设、综合实践活动课程实施的区域推进等起到了推动作用。

总之，综合实践活动的评价要根据学校、教师、学生不同发展阶段的发展需要，因地制宜、因材施评，为学校、教师和学生充分发展提供条件和空间。

三、初中综合实践活动课程评价的作用

初中综合实践活动课程评价是对课程意义和价值的判断活动，通过这个判断活动对课程实施反馈、改进、激励和导向等作用。

（一）反馈作用

现代教育评价更注重教育评价判断后的信息反馈的作用，综合实践活动课程评价也是如此。通过课程评价，采集有关课程开展、教师教学活动以及学生实践活动的信息，这些信息在评价者与评价对象之间相互传递。由于综合实践活动课程评价主体具有多元性，所以反馈的评价信息是多元的，这能更好地将对课程实施中的各种评价信息建设性地传递给受评者。评价信息的反馈可以使评价信息更全面、更大限度地被接受，具有更大的价值，这就是综合实践活动课程评价的反馈作用。

（二）改进作用

现代教育评价理念下的评价的目的在于改进。在综合实践活动课程中，对教师而言，评价目的是促使教师不断合理地开发利用教育资源，优化引导学生实施活动的方法；对学生而言，是了解自己在活动中的问

题与不足，转换角度看待问题，分析问题的原因，找到改进的方法。总之，综合实践活动的课程评价在课程高效实施、教师有效指导和学生积极参与等方面都能起到改进作用。

（三）激励作用

在发展性评价观指导下，综合实践活动运用多元的评价方法，如收集课程实施过程中，实践活动开展过程中的各种信息，能够让师生看到自己活动中某些方面能力的发展情况，了解参与活动过程中情感、兴趣和态度的变化。师生在评价过程中还能够获得积极的体验与感受，从而其内在动机被有效激发，自我效能得到提升。这种激励作用既是师生发展的需要，也是课程有效实施的需要。

（四）导向作用

评价的核心就是导向作用。评价的导向作用就是人们通常说的"指挥棒"作用。在综合实践活动课程评价中，评价的导向作用是在评价理念指导下，通过评价的目标、评价标准以及评价的程序与方法实现的。综合实践活动评价强调将课程、教学与学习活动融为一体，将评价过程视为学生学习的过程、教师教学的过程、课程实施的过程，通过评价引导课程的发展方向。综合实践活动评价的发展观要求以评价促学生发展、促教师提高，通过评价引导被评价者成长发展的方向。

第二节　初中综合实践活动课程评价要求、原则及内容

秉承了现代教育评价的理念，综合实践活动的评价有利于促进学生全面发展。初中综合实践活动的评价的目的、评价的指标体系和评价的方式方法等都直接影响着课程目标的实现和课程教育功能的落实。因此，在实施初中综合实践活动评价前要明确综合实践活动课程评价的一些基本要求与原则。

一、初中综合实践活动课程评价要求

（一）加强学生自我评价与学生之间的相互评价

在评价主体多元化的理念下，学生作为评价的重要主体，具体包括：第一，可以相互倾听同伴的评价，使评价过程成为学习交流的机会，促进学生之间的互帮互学。第二，自我评价对学生个性发展及创造能力的培养、自我教育品质的形成起着积极作用。第三，直接参与评价标准的制定，这可以进一步加深学生对活动内容和过程的理解，将评价过程转变为学生自主学习的过程，对学生的活动实施有重要的指导作用。第四，对活动的实施过程中的问题评价可以给教师提供重要的反馈信息，促进教师教学的改进。

1. 学生的自我评价

学生的自我评价是指学生针对自己的课业学习和身心发展状况，按照自我认同的评价标准，进行观察、诊断、分析和判断，从中找出优点和缺点，以便明确今后努力的方向的自我教育过程。学生的自我评价能够帮助学生建立正确的自我意识，认识自己的生理状态、心理状态及社会状态等。

自我评价对学生个性发展及创造能力的培养、自我教育品质的形成起着积极作用。学生通过自评可以系统全面地剖析自己，建立对自己的完整认识，清晰地看到自己的问题，从而不断地在活动中修正自我，调节自我。自我评价还能促进学生在学习活动中的自我激励，激发学生的学习动机。开展学生自我评价还有助于培养学生的独立性、自主性，真正实现自我意义的构建。

学生自我评价能力是在活动过程中培养起来的。教师要善于在学习过程中引导学生针对活动的某个阶段、某项内容的实施过程进行反思，思考采取的学习方法和策略，思考解决问题时的体验与感受，思考在活动过程中与他人的合作与成果交流分享，思考在学习过程中有哪些方面有所提升或需要改进。学生获得自我评价能力之后会实现真正意义上的自主学习与自主发展。

2. 学生互评

学生互评是群体互动基础上的一种学习方式。在评价主体多元化的理念下，广泛开展学生互评是评价主体多元化的体现。在互评过程中，教师要引导学生能够学习欣赏他人，使互评既是学生互相学习的过程，同时也是提高学生批判性思维的过程。在互评中，学生学会理性分析他人的优势与不足，自己的长处与问题；在互评过程中，学生能够达到思想的交流，在交流中深刻理解评价的问题；学生需要在与周围环境相互作用的过程中完善自我意识社会化，同伴教育在其中起到重要的作用，通过学生的互评，促进学生自我意识客观化，有效促进学生个体的反思，使学生能够比较客观地认识自己，促进学生自我意识的发展；通过学生互评，促使学生提高与他人交流的技能，为学生的社会性发展拓展空间。

学生作为评价主体在评价过程中，要参与评价内容的选择、评价标准的制定以及评价结果的解释。学生参与制定评价标准，能深化对活动内容内涵的理解，对学习过程有积极的引导作用，对学生价值观的形成具有潜移默化的作用。

学生的自评与互评要在宽松民主的氛围下进行，对评价结果秉持更加开放、宽容的积极心态，本着诚恳、诚实、虚心和互助的态度，通过自评与互评，使学生更加深入地认识问题、认识他人、认识自我，实现自我发展。

（二）尊重学生个体差异，进行综合评价

综合实践活动评价的内容要突出学生积极的学习态度、创新意识与创新精神，发现问题的能力、分析及解决问题的能力，正确的世界观、人生观和价值观，综合考查学生的学习能力。综合实践活动评价要关注学生的差异，这些差异表现在学生学业成就、生理的发育和心理的发展、多元智能的发展情况、学生的兴趣爱好及行为方式等方面。在实施评价时要关注学生的个体差异，尊重学生的个性发展与个性化的价值取

向，评价既要有统一的要求，又要运用不同的评价内容与标准评价学生的发展，为学生成为有个性的社会成员提供发展空间。

（三）强化质性评价

从评价性质上划分，评价有两种，即量性评价和质性评价。

量性评价是指将评价对象进行数量化的分析和计算，从而判断它的价值的评价。量性评价方法是一种具有客观性、科学性的评价方法，在学生评价中，适用于评价学生认知的发展，也适用于对知识的记忆和理解。量性评价方法具有精确性的特点，不仅可以减少主观推论，而且能够用现代科学技术所提供的统计工具加以处理。

依据初中综合实践活动课程的理念和特点，综合实践活动的评价要强化质性评价。所谓质性评价是指在特定背景下，通过现场观察甚至亲自参与，对评价对象的属性在概念或程度上做出质的规定，然后做出分析评定，以说明评价对象的性质和程度。从质性评价的概念表述中可以清楚地看到质性评价是在一个"背景"下进行，在综合实践活动中应用的质性评价，其背景就是课程的实施过程、学生的活动过程、教师的指导过程。在质性评价过程中，评价结果都是评价者的主观感受，这个主观感受要符合客观现实，那就要求评价者在评价背景中，不仅应观察学生的行为或成果，注意对学生个体在活动过程中所表现出来的独特优点进行分析，还要理解学生行为及成果背后个人丰富多彩的经历和体验、愿望和感受。

初中综合实践活动课程强调质性评价，在评价中，要注意根据评价的对象与内容，选择适合的评价方法，使评价发挥反馈、改进、激励、导向及促发展的功能。

（四）注重评价内容的价值取向

导向作用是评价最核心的作用，评价能够反映综合实践活动评价的价值取向，对综合实践活动的教育功能的有效发挥起着决定作用。在学科课程中，对学生知识及技能掌握情况的评价仍然是一项主要内容，构成了学生学业的基础。而对于综合实践活动来说，课程的总目标是学生能从个体生活、社会生活及与大自然的接触中获得丰富的实践经验，形成并逐步提升对自然、社会和自我的整体认识，具有价值体认、责任担当、问题解决、创意物化等方面的意识和能力。从这个总目标中可以看出，初中综合实践活动课程的价值取向有别于学科课程目标。综合实践活动课程评价淡化继承性学科知识技能掌握评定，凸显学生综合素质发展水平的判断，这是综合实践活动评价的总体价值取向，这样的价值取向与综合实践活动课程总目标及课程特点相吻合。

1. 能力价值取向

初中综合实践活动课程目标要求学生要有问题解决能力和创意物化能力，这决定了评价的能力取向。评价学生的问题解决能力即评价学生在与自然、社会及生活的接触中，能够发现问题，确定问题的性质并将问题转化为课题，制定解决问题或课题研究的方案，收集与问题有关的信息，筛选分析信息，做出判断，形成相对合理的解释并对解释的合理性进一步验证等多种能力。评价学生的创意物化能力，即评价学生在劳动技术活动中的创意设计与制作能在生活中使用的能力，运用信息技术创意设计作品的能力。

2. 情感、态度、价值观的价值取向

初中综合实践活动课程目标中要求的价值和责任担当是评价的情感态度价值观的取向。在综合实践活动过程中，要评价学生参与活动的态度，学生的合作意识，学生在活动中通过行为表现所外显的价值观，学生对传统文化的认识，对家乡对祖国的热爱等。情感、态度、价值观的价值取向是综合实践活动评价价值取向很重要的组成部分。

3. 体验与感受的价值取向

体验与感受价值取向是综合实践活动独特的价值取向，是综合实践活动评价过程与结果统一的体现，是学科课程评价很难具备的。学生在综合实践活动的主题探究活动中，在服务社区过程中，在考察参观工农业基地与各类场馆活动中，在研学旅行过程中，在融入自然和社会的活动中会获得很多鲜活的体验。在每一次活动总结反思交流阶段，学生都要与大家分享自己的感受与体验，这些都是综合实践活动所要评价的内容，由此，体现了综合实践活动的体验与感受价值取向。

4．知识与技能的价值取向

综合实践活动对知识与技能的要求比学科性课程还高，这是因为综合实践活动课程中的知识与技能是高度综合的多学科的知识与技能，它要求学生能够在活动中主动灵活地运用这些知识与技能解决问题，看学生是否能够自主地生成新的知识与技能。学生能从个体生活、社会生活及与大自然的接触中获得丰富的实践经验，形成并逐步提升对自然、社会和自我之间内在联系的整体认识，是对知识与技能评价的价值取向定位。对学生运用学科知识、技能水平，通过实践建构知识的评价是综合实践活动课程评价体系中不可或缺的要素之一。

二、初中综合实践活动课程评价原则

初中综合实践活动课程是一门新的课程，如何规划综合实践活动课程？如何开展综合实践活动？什么样的综合实践活动才是好的综合实践活动？主要依靠的是课程的研究者和实施者对课程的实践经验及其在实践基础上的理论思考。综合实践活动课程的开发和有效实施有赖于建立符合素质教育思想的课程评价制度，形成评价主体多元、评价内容多元、评价方式多样的发展性评价体系。然而要实现这一切，不仅需要确定课程评价的基本要求，还要制定符合课程特点、确保这些评价要求得以实现的评价的实施原则。

教师要以促进学生综合素质持续发展为目的设计与实施综合实践活动评价。要坚持方向性、指导性、客观性、公正性等原则。这些原则虽然是对学生评价的原则，但对课程的评价、对教师的评价、对学校的评价也可适用这些原则。

（一）方向性原则

突出发展导向就是综合实践活动课程评价的方向性原则，评价要促进学生发展是综合实践活动评价的根本原则。方向性原则在学生评价方面体现在关注评价内容中影响学生发展的因素，要关注学生在活动过程中的行为表现，透过学生的行为表现发现其在情感、态度和价值观方面的提升。另外，对于学生活动的成果作品，要注意挖掘作品背后蕴藏的学生的思想、创意和体验。总之，对于学生评价的内容和方法要适合学生所处的发展阶段，要考虑学生的年龄特点及个体差异，关注学生群体发展的同时重视学生个性的发展，通过评价信息的反馈，促进学生找到今后的努力方向。

对学校评价，方向性评价原则体现在基于学校所处地区教育发展水平的基础上，根据学校的具体情况评价学校对综合实践活动课程管理规划和实施的动态情况，促进学校对综合实践活动课程的管理与实施。

对教师评价，方向性评价原则体现在给予教师在综合实践活动课程资源开发与活动实施水平方面建设性意见反馈，促进教师对课程实施情况的客观认识，不断完善和提高课程实施的水平。

（二）客观公正性原则

保证初中综合实践活动课程评价的客观与公正，需要做好以下几个方面的工作：第一，兼顾结果、注重过程。不仅要关注学校、教师和学生在活动过程中取得的结果，而且要看被评价者在开发和实施课程活动中获得结果的过程。第二，发挥综合实践活动课程主体民主协商的综合评价功能，被评价的对象在评价过程中都享有充分的发言权，体现评价的客观公正性。第三，多种方法、多种手段、多角度、多层次地进行综合评价。第四，准确及时地收集评价证据。教师要指导学生客观记录参与活动的具体情况，包括活动主题、持续时间、所承担的角色、任务分工及完成情况等，及时填写活动记录单，并收集相关事实材料，如活动现场照片、作品、研究报告、实践单位证明等。活动记录、事实材料要真实、有据可查，为综合实践活动评价提供必要的基础。课程评价的客观公正是建立在真实可靠的依据基础之上的。由于综合实践活动是一个不断生成与发展的过程，课程活动的实施者和参与者的行为表现、体验和感受、态度和情感也在不断地发展和变化，有的甚至可能是稍纵即逝的。因此，要做好写实记录，指导学生记录活动的具体情况，建立档案袋，及时收集事实资料，这样的评价就有其客观公正性。

(三) 指导性原则

要充分发挥评价的指导作用，不仅是及时地向被评价者反馈评价的信息，还要将评价中发现被评价者的问题给予指导性建议，通过评价内容，指导被评价者明确如何有效地实施综合实践活动。指导性原则对于学生而言，就是在活动开展的每个阶段、每个环节和活动后，及时地通过评价给予学生指导性建议，调整学生活动中的问题，肯定学生在活动中表现出的积极因素，引导学生深入开展实践活动。

三、初中综合实践活动课程评价的内容

初中综合实践活动课程是国家规定的针对初中学生实施的一门必修课程，学校、教师和学生都是这一课程的开发、组织、实施和管理的活动主体以及课程教育效能的实现者。因此，综合实践活动课程评价的对象包括学校、教师和学生三个方面。

(一) 对学校评价的内容

学校是实现课程教育功能的基层组织。学校的办学理念、管理制度与办学条件、校领导的课程素养与课程服务意识、课程资源开发与校本课程建设情况等都直接对学校综合实践活动课程开发与实施产生影响。将课程的实施与学校办学质量提升相结合，建立以教育行政部门、学校、家长和社会共同参与的学校评价机制，加强对学校综合实践活动课程开发实施等方面的评价是十分必要的。对学校评价的主要内容包括学校办学思想对综合实践活动课程理念的体现程度，学校对综合实践活动课程整体实施的课程结构与课时保障，学校综合实践活动课程师资队伍建设，为开展综合实践活动所创设的校园文化环境，学校结合本校的传统文化和学校周边地域的资源特点系统开发综合实践活动资源情况，学校经费的保障，教师培训与教研制度，课程开发实施成果及其展示与交流情况等。

（二）对教师评价的内容

初中综合实践活动课程中的教师的角色发生了根本性的转变。与此相应地，对综合实践活动课程中教师评价是需要从活动设计、组织、指导、监控对教师自身素养水平及其发展的需要出发，进行全方位、多元化的综合评价。评价的目的在于与教师一起分析其在综合实践活动课程实施过程中体现的对课程理念的理解和实施的经验，提出改进建议与努力方向，促进教师的专业化发展。评价的主要内容包括教师对综合实践活动课程的理解与把握程度，教师对学生活动的组织、管理，协调和应变能力，教师对学生综合实践活动的指导情况，教师自身再学习的态度和教育科研的能力与水平，以新型的人才观、价值观为基础的课程评价激励机制的掌握情况。

（三）对学生评价的内容

初中综合实践活动课程的最根本目的是促进学生全面发展。对学生参与综合实践活动课程学习的态度和发展水平的评价是综合实践活动课程价值判断的最重要依据。其评价的内容包括学生在活动中发现问题的意识和能力，学生在活动中收集信息、分析信息的能力，学生的活动规划能力，学生对研究方法的运用情况，学生参与综合实践活动探究的主动性和积极性，学生在活动过程中的体验和感受，学生在活动过程中的合作学习情况，学生活动技能的运用状况与创新表现，学生对文化的理解和审美，学生科学观、价值观的发展，学生的学习成果等。

第三节　初中综合实践活动课程中学生评价的目标、内容与方法

一、学生评价概述

综合实践活动学生评价的价值取向就是促进学生发展，在明确评价

的理念、要求以及评价原则之后就要解决"评什么"和"怎么评"的问题。在现代教育评价中，人们可能会遇到一些评价的概念或术语，如发展性评价、形成性评价、终结性评价、表现性评价、真实性评价、任务驱动式评价、档案袋评价等。如何理解这些概念？这些概念之间有什么联系？厘清这些问题，有助于在综合实践活动中有效地实施学生评价。

（一）发展性学生评价

在众多的评价方法及手段中，评价对学生学业的作用是改进与激励，其终极目标或价值取向是促进学生发展，这样的学生评价都可以认为是发展性评价。因此，所谓发展性评价，它是以促进学生发展为评价理念、价值取向及终极目标的评价。这样的评价的特点包括三点：一是依据课程目标，使学生在评价中不断地认识自我，提高自我，促进学生在原有的基础上各方面不断提高。二是评价主体、内容与方法是多元的，通过多元评价，更全面、客观地给予学生评价，指明学生努力的方向。三是注重评价过程，有机地将形成性评价与终结性评价结合起来；在评价中关注个体差异，注重学生在学习过程中的体验与感受，情感发展的心路历程。

（二）终结性评价、形成性评价与过程性评价

终结性评价是对教学目标达成程度的判断，通常是在一个单元、一个模块或一个学期的教学结束后对学生最终学习的结果进行的评价。在综合实践活动学生评价过程中，适当地使用终结性评价对学生各方面的成就进行评价是有必要的，但终结性评价要注意学生个体存在的差异，要以质性评价为主，运用好终结性评价同样可以促进学生的发展。

形成性评价是相对于传统的终结性评价而言的。形成性评价是从教育教学和学习过程的角度强调对教育活动和学生学习的信息反馈与改进，以期调整教育活动和学生的学习的评价方式。

在综合实践活动课程评价中，常会强调过程性评价。过程性评价是针对活动课程被学者提出的，是在学生学习过程中不断地反馈给学生各

方面的信息，是对学生学习过程中的表现、所取得的成绩以及所反映出的情感、态度、策略等方面的发展做出的全面评价。过程性评价内容比形成性评价内容更加丰富。就学习过程而言，过程性评价有利于明确活动运行中存在的问题和改进的方向，及时修改或调整活动计划，评价可以与学习过程相融合，成为学习过程的一个有机组成部分。综合实践活动中的过程性评价是基于对学生活动全过程的持续观察记录做出评价，评价重视学生获得成果过程中情感态度以及学习策略等方面的内容，有利于引导学生深入思考，深刻体验，在解决问题中发挥创造性，学生可以参与评价过程成为评价的主体，这样的评价会在学习的过程中不断激励学生、修正学生，促进学生的发展。

（三）表现性评价、真实性评价与档案袋评价

表现性评价是指教师在学生完成一项具体的学习任务过程中，对学生的认知、情感、技能和学习成果进行的实际考查。表现性评价是在学生完成任务的真实情境中对学生在认知、情感、技能和学习成果等方面进行的综合评价，并且这个评价是基于标准的。表现性评价可以认为是从评价内容角度表达的一种评价概念，它也属于发展性学生评价范畴。

真实性评价是对学生运用所学的知识和技能完成真实世界或模拟真实世界中一件很有意义的任务过程的评价，真实性评价更强调完成任务及完成任务的情境的真实性。

档案袋评价是从记录方式角度提出的评价方法。概括地说，档案袋评价是通过收集学生个人在学习过程中的各方面成就、持续进步的表现信息、经历记录、作品等对学生成长进行的评价。档案袋可以视作一个收集积累学生各方面信息的工具，档案袋评价可视作一种以档案袋为收集信息形式的具体评价方法。通过运用档案袋评价，评价的是学生完成一个学习任务或一段时间的学习活动的成长过程与表现，可以认为档案袋评价是表现性评价的一种具体形式。

另外，在众多的评价概念中，还会看到即时评价、描述性评价等，

这些评价概念是从评价的时间点、评价的表达方法角度形成的。其最终评价的还是学生的表现，目的还是促进学生发展。所以，这些评价都可以看作是表现性评价范畴。

表现性评价相对于传统的纸笔考试而言有很多优势，它使学生学习由被动反应转变成积极的意义建构；在真实的学习情境中，把学生所学内容和生活实际密切地联系起来，使学生直接面对有价值的学习任务，运用已掌握的知识和技能解决实际问题，强化学生解决问题的能力；在学生解决问题的过程中，会遇到各种困难和挑战，表现性评价会更真实地反映学生在情、意方面的发展；完成任务的方法不是唯一的，所以对学生的评价标准也是多元的；表现性评价是开放的，会更好地促进学生创造力的发展；表现性评价是针对完成任务的全过程，学习过程也是评价的过程，评价信息采集充实，能更全面地反映学生的发展，在评价中，学生是评价的积极参与者，更易达到教育目标。

在综合实践活动过程中，强调学生在真实情境中开展实践性学习活动，这是基于任务的学习活动，这样的学习活动注重实践、体验与感悟。综合实践活动情况是学生综合素质评价的重要内容，这就是要求对学生表现进行全面评价，通过评价促进学生的全面发展。

二、初中综合实践活动课程学生评价的目标与内容

学生评价内容是通过评价目标体系体现出来的，评价内容与评价目标之间有高度的一致性，从课程的教育目标到学生评价目标，再细化到每个活动内容的评价指标，是一个评价内容具体化的过程。综合实践活动课程评价的内容分类与学科知识有一致性，如知识内容、能力结构内容、情感、态度与价值观内容等，但评价的侧重点是不同的。综合实践活动的评价目标与内容更侧重能力结构内容、情感态度内容，对知识的评价不在于学习多少新知识，而在于如何综合运用知识及通过研究性学习获得意义上的建构。

（一）学生的情感、态度与价值观

情感、态度与价值观是个体内在的心理状态，往往不能为别人所直接观察到。态度具有评价性，它意味着是否赞同该事物；态度是有对象的，它总是针对某种事物的；态度体现了一种行为倾向，不等于行为，但它最终会通过学生的言行表现出来。

综合实践活动是基于学生的生活经验、兴趣和爱好，通过学生主动参与自主探究而完成的一种实践性学习。在活动中学生是否主动承担并努力完成分配给自己的任务，是否能认真负责地做好资料积累和分析处理工作，是否能积极主动地提出个人的意见或建议；如何面对困难、挫折、冲突，在与他人各种交往中的态度，通过学生的外显表现，可以对学生的情感态度进行评价。另外，在活动中学生是否表现出积极进取、健康向上的思想道德情操和良好的个性品质，是否表现出社会责任感，等等，这些都能反映学生的价值观。在评价实施过程中，学生情感、态度与价值观评价的内容可以通过兴趣、责任感、宽容、尊重、自豪感、认真、专心、积极、努力、欣赏、关心、同情心与爱心、求知欲、爱惜、气馁等关键词来表达。

（二）学生的体验与感悟

体验与感悟是综合实践活动评价目标中的一项重要内容，也是独具特色的内容。体验就是亲身经历，是在实践中认识事物；感悟是指学生对特定事物践行或经历所产生的感想与觉悟。体验是感悟的基础，感悟是体验的升华，学生在综合实践活动课程中以他们现实的生活为背景，以现实生活中遇到的问题为实践研究的课题，以亲身体验和自主实践方式去了解自然、社会以及他人与自我，他们的亲身经历与感受形成了真正的感悟，通过广泛深入地实践体验，学生不断产生并积累各种各样的感悟，使学生对人生、对事物以及对世界的看法不断深入，进而形成对自然、社会与自我的整体认识。在体验感悟的基础上形成的认识，对学生的影响更直接、更深刻、更持久，对学生发展的促进作用更广泛、更有效，更能促进学生正确的价值观的形成。在综合实践活动课程学习中，学生所获得的体验与感悟是任何一个学科课程所无法比拟的，这正是综合实践活动课程的独特教育价值的体现。因此，综合实践活动评价的目标与内容要特别注重对学生的体验与感悟的评价。

（三）学生的学习方法与实践能力

实践是初中综合实践活动课程的核心，是体验与感悟、情感与价值观的生成、创新能力培养的基础。对学生学习方法与实践能力的评价在各学科都有，但就综合实践活动来说，由于学习是一个真正自主的过程，学生自主选题或在教师引导下发现问题的基础上自主选题，学生要围绕选题制订研究计划，恰当地选择与应用解决问题的方法，在研究和解决问题的过程中不断发现和修正研究问题中出现的偏差，在取得成果后要选择呈现的方式以及推广与应用的策略等，这些都反映了学生的学习方法与实践能力水平，这些学习方法和实践能力在很大程度上有别于学科学习的方法与实践能力。在综合实践活动中，对学生学习方法与实践能力水平的评价可以提高学生研究问题的水平，丰富学生的学习策略，强化学生实践的深度，为学生终身学习奠定基础。学生的学习方法与实践能力评价是促进学生发展理念下表现性评价目标及内容的重要方面。

（四）学生的创新意识与创新能力

创新意识是人们对创新与创新的价值性、重要性的一种认识水平、认识程度以及由此形成的对待创新的态度，并以这种态度规范和调整自己的活动方向的一种稳定的精神态势；是人类意识活动中的一种积极的、富有成果性的表现形式；是人们进行创造活动的出发点和内在动力；是创造性思维和创造力的前提。

创新能力是运用知识和理论，在科学、艺术、技术和各种实践活动领域中不断提供具有经济价值、社会价值、生态价值的新思想、新理论、新方法和新发明的能力。创新能力是民族进步的灵魂、经济竞争的核心。

从创新意识与创新能力的概念中可以明确地看出学生创新意识与创新能力的培养是为社会提供先进的具有国际竞争能力的生产力奠定基础。因此，综合实践活动评价学生的创新意识与创新能力是引导和激励学生发展的重要目标与内容。就初中学生的学习生活经历以及能力而言，创新意识与创新能力有其特点，主要表现在追求个性、自主意识、独立人格、质疑、批判思维与批判精神等方面。

综合实践活动课程是学生综合运用知识与技能解决问题，进行科学探究和创新能力培养的课程。学生善于从生活中发现问题，对活动过程的设计与控制，科学探究方法与手段的学习和运用，劳动技术的运用以及熟练地利用相关知识和技能解决现实问题的能力发展状况是综合实践活动课程对学生创新意识与创新能力评价的内容基础。学生在活动中独创性的表现，敢于质疑权威，多角度地思考问题，对于教师提出的开放性问题能提供多种解答，敢于运用非常规的方法和手段研究和解决问题，并自觉生成富有个性化的见解或成果等，这些都是学生的创新意识与创新能力的体现。对于学生活动成果，更要看是否有创新意识和创新的欲望，是否有创新的思维方法，是否对新生事物有敏锐的洞察力，有无实际做出创新尝试以及与活动前期相比是否有发展和变化等内容。

（五）学生的合作意识与合作能力

初中综合实践活动课程在实施过程中主要以小组合作的形式开展，小组是完成一定的主题探究活动目标的组织保障。换言之，合作学习是综合实践活动课程的一种常态化的学习组织方式。与学科课程中小组合作学习相比，综合实践活动的合作学习更加深入广泛，对学生合作意识与合作能力的培养起到了重要的作用。

合作意识与合作能力是综合实践活动学生评价的重要目标，其评价内容包括：愿意与他人合作、能认真倾听他人意见；信任同伴、保持自信、具有服务意识；遇到问题能主动协商，达成共识；懂得分工、勇于承担责任；互相关心、互相帮助、互相学习、取长补短；能够包容尊重、争挑重担、勇于负责、与同伴分享成功的喜悦；善于批评与自我批评；在交流中能各抒己见、畅所欲言，在民主、平等的气氛中探讨、研究等。

三、初中综合实践活动课程学生评价的方法

（一）表现性评价

1. 表现性评价运用于综合实践活动的契合性

表现性评价是综合实践活动课程评价的有效方式，从综合实践活动课程性质与表现性评价的特点两个方面的内在联系上，可以对表现性评价与综合实践活动之间高度的契合性进行如下分析（见表6-1）。

表6-1　综合实践活动与表现性评价的契合性分析

综合实践活动课程性质	表现性评价的特点
综合性：超载学科中心，面向完整的生活世界，培养学生综合运用各学科知识的能力。	学生面临的问题情境是比较真实的、任务是相对复杂的，需要学生综合运用多学科的知识和技能加以解决。
实践性：以学生的直接经验为中心，以活动为主要形式，强调学生亲身参与并经历实践活动。	强调"从做中学"，主要采用实作、表现的方式，重点关注的不仅仅是学生知道多少，而是学生做了多少。
自主性：在教师的有效指导下，学生自主选择学习活动的目标、内容、方式，开展自主学习、自主实践、自主反思。	尊重学生的创造性、主体性，鼓励学生自主运用知识，个性化地解决问题。
生成性：课程由师生双方在活动展开过程中逐步建构，学生的认识和体验随着活动的展开不断深化，活动的目标和主题不断生成。	评价过程即学生的学习过程，学生在完成表现性任务的过程中，不断生成学习的兴趣，促进自身的学习。
探究性：关注生活中的问题，能经历科学探究的一般过程，激发探究兴趣，积累探究经验，养成探究习惯，发展探究能力。	学生面临真实或近乎真实的问题情境，需要创造性地提出解决问题的办法，尝试行动并不断修正，直至解决问题、获得结果。
开放性：强调在开放的社会生活中进行学习，其目标、内容、学习活动方式与过程、评价与结果均具有开放性。	鼓励学生发散思维，允许答案多样化，提倡用自己喜欢或擅长的方式呈现解决问题的结果。

2. 表现性评价的实施

表现性评价是一种基于标准的评价方式，在实施的过程中要遵循一定的评价规则。评价规则告诉不同评价者如何去评价学习表现，其中不仅规定了"内容标准"，也就是要基于哪些"准则"进行评价，还规定了"表现性标准"，也就是不同水平表现的详细描述。这种基于标准的评价带来的效果是，学生通过对标准的学习，可以尽量客观地审视和评价自己的学习过程和学习成果，思考如何达到"好"的标准，并为之努力，从而改进学习，促进自身发展。

（1）表现性评价量表标准、准则与指标

随着综合实践活动课程的开展，表现性评价被教师重视，作为表现性评价的工具，表现性评价量表也普遍被教师应用。例如，在一个课题研究任务完成后给学生使用的自评、互评量表，在一项任务完成的某些重要阶段给学生使用的自评或小组评价量表，在一个学习阶段或一学期配合档案袋评价使用的自评表等。量表使用起来比较方便，量表中的标准与指标明确，能够让学生很容易地利用量表进行相对准确客观的评价。让学生在活动前了解评价量表标准，组织学生参与量表的制定，在学生开展活动过程中对学生有很好的指导作用，会较好地发挥评价的激励和导向的功能。

学生表现性评价量表作为实施评价的重要工具之一，从形式上看是各种表格，但其具有丰富的内涵。表中的评价标准在一定程度上引领着学生评价的目的、内容、方法等。学生评价标准的内涵是价值基础，是对学生评价标准价值判断实现的前提。综合实践活动评价的理念与原则给予了综合实践活动评价标准的价值基础，即促进学生发展。在制定学生评价标准时，评价理念是支配，即评价标准的生成的逻辑是价值观念—价值取向—评价标准；在研究学生评价标准时，先审视的是标准，然后分析其价值基础，即评价标准的研究逻辑是学生评价标准—价值取向—价值观念。

评价标准是评价活动的核心，是描述一个典范行为表现所达到的一个具体期望水平或程度。评价标准可以分为质和量两个维度：质的纬度和量的纬度。质的维度主要是表达评价的内容，即评什么。通常被称为准则，可以认为评价表的内涵具体体现在评价准则上。量的维度主要表达行为表现所达到的具体期望的程度，又被称为表现标准或水平。也就是说，表现标准要表明做得怎样才能达到准则。判断学生在活动中的表现所用的标准决定了评价的信度与效度。因此，在制定标准时，要根据培养目标抓住关键因素，有针对性，有所侧重。

指标是被评价的特定表现所特有的一种行为表征或特征，欲达到准则的一个具体的象征。例如，准则是善于发现问题；指标为细心观察，深入分析资料，多角度地发现问题；标准或水平是达到准则的程度。

（2）评价量表设计

在制作评价量表时，要注意开发与活动目标一致并将目标具体化的准则与指标，评价指标是可以直接观察的，要注意使评价指标语言表述明确、详略得当、层次分明，有连续性，适合评价对象的年龄特点。

评价表在综合实践活动应用广泛多样，各有千秋，教师要根据活动的具体情况进行设计。

量表的准则是发现问题和解决问题，量表通过指标把学生的表现标准（水平）进行了描述，各表现标准（水平）下，通过指标表达了学生在所期望的学习结果上发展的不同程度，能够引导学生在活动中明确努力的方向。

（3）不同类型活动的评价指标设计

①考察探究活动。考察探究活动是在教师的指导下基于自身兴趣，从自然、社会和学生自身生活中选择和确定研究主题，开展研究性学习，分析并解决问题的过程。考察探究活动涉及的主题活动繁多，从人与自然维度，如"神奇的影子""保护水资源""身边的动植物"等；从人与社会维度，如"寻找生活中的标志""家乡特产的调查"等；从人与自我维度，如"读写姿势调查""初中生课余生活状况调查"等。虽然，考察探究活动面向的内容领域众多，但是其学习方式基本上是以

"基于问题的学习"为主线，也就是通过发现问题、解决问题得到能力的提升。不论是科学探究还是人文探究，其中的研究方式都有着共通之处。初中阶段的考察探究活动，其活动要素主要包括提出问题、形成课题、制订研究计划、实施研究计划、交流与总结研究成果、反思和改进等。根据活动的主题维度不同，每个环节的开展过程或者其中的研究方法选择的侧重可能会有所不同，基于上述分析，建构如下评价准则与指标分析（见表6-2）。

表6-2 考察探究活动的学生表现性评价准则与指标的分析

评价准则	指标分析
提出问题	评价的内容是学生能否根据生活经验和日常的观察与思考，或者在教师创设的情境下提出有价值问题的能力。其评价指标可以包含参与提问的态度、提问的角度、问题的表达（能否清晰、简洁、有条理地表述问题）、问题的价值（所提的问题是否有意义，有没有研究价值）。
形成主题	评价的内容是学生的问题聚焦能力，即能从与主题相关的各种问题中，运用分析、归纳、概括等方法，结合现实情况，最终形成可研究的具体主题。其评价指标可以包括主题的界定（主题研究的内容范围，研究对象等是否明确）、主题的表达（主题的描述是否规范，是否包含了关键内容）、主题的合理性（主题的研究价值、可操作性）。
制定研究方案	评价的内容是学生的规划意识和能力，即能够基于要研究的主题，综合考虑各种因素和条件，列出需要解决的问题及其顺序的水平。其评价指标可以包括参与的态度（能够积极参加研究方案的讨论，提出合理的意见和建议，主动承担小组任务）、研究方法的选择、研究方案的合理性（综合考虑主题实施的各个因素设计环节，并且环节之间有承接性、紧密性）、方案的可行性（能否将资源的支持、人员的分配和时间的安排考虑周全）。
实施研究方案	评价的内容是学生在实际研究中所体现出来的各种能力与品质，不同的主题领域的侧重点略有不同，如在科技探究活动中，可以关注学生与观察实验有关的能力，或者控制影响因素的能力；在人文探究中，需要关注学生对考察方式、访谈法和问卷法等研究方法使用的能力，对信息和数据进行加工处理的能力（分类、整理、统计等）。评价时还需要关注学生依据事实对研究问题进行分析、解释获得研究结论的能力。特别提出的是该准则的评价要考虑沟通合作能力（如遇到问题主动协商，达成共识，主动调整；与他人共同完成任务的过程中主动调整，合理分工，认真完成自己的任务，并对他人提供帮助）、应变能力（根据实施的问题修改方案，改变实践方法等）、实践态度、责任担当、面对困难的表现等，具体的指标选择需要根据学生的实际情况以及相应的活动目标而决定。

评价准则	指标分析
交流与反思	评价的内容是学生对研究过程与结果的总结能力、将研究成果进行展现的水平（条理清楚、准确生动地陈述自己的研究过程和成果）、认真倾听并接纳他人的想法与见解并改进的能力、参与交流讨论的情况。评价指标可以包括参与的态度（积极主动地参加汇报活动，能够协助小组完成汇报，对其他小组同学的汇报进行评价）、研究报告的水平（报告中能够清晰地反映研究的整体过程，呈现格式符合规范，重点突出，详略得当）、成果的汇报（能够将研究成果进行展示，展示的方式有吸引力，能够适时与听众互动）、反思的水平（能发现活动中的经验和不足，有效采纳他人的建议，对自己的课题进行进一步的深入研究，或者对必要的结论进行修改，或者选用更适合的研究方法再次研究）。

关于制定学生在考察探究活动中不同表现的水平方案，要根据学生的实际情况划分。对于初中学段的学生来说，学生很难进行独立的研究调查活动，特别是一些有难度的主题，学生的活动过程可能会有很多困难。因此，在进行水平划分时，应重在评价学生的在参与研究过程中表现出的参与热情和良好的品质，学生能够提出相对有意义的研究问题，在教师指导下制定完整可行的方案，并且能够坚持运用适当的研究方法实施方案，完成汇报有初步反思即可定为"好"的表现。

②社会服务活动。《指导纲要》中指出社会服务是学生在教师的指导下，走出教室，参与社会活动，以自己的劳动满足社会组织或他人的需要。社会服务的关键要素包括明确服务对象与需要；制订活动计划；开展服务行动；反思服务经历；分享服务经验。社会服务活动的学生表现性评价准则与指标分析（见表6-3）。

表6-3　社会服务活动的学生表现性评价准则与指标分析

评价准则	指标分析
明确服务对象与需要	评价的是学生在教师指导下观察社会生活确立服务对象及明确服务对象需求的能力，例如，通过体验访谈等活动，了解被服务人群的生活，获得真切的体验和感悟，以深入了解被服务者的需求，思考服务的方式方法，同时获得关心他人等良好品质的提升。

评价准则	指标分析
在体验中发现问题，制订活动计划	评价的学生通过体验和调查，发现问题的能力和意识，如通过参与社区的志愿活动，发现社区在哪些方面还可以再改善，居民中还有哪些急需解决的问题等，根据问题思考服务的方式方法，制订细致周全且有针对性的活动计划。
开展服务行动	评价的是学生在参与服务性活动的过程中所表现出的参与热情，完成任务的毅力以及学生用所学知识开展服务行动的能力和水平。其评价指标可以包括方法的选择、宣讲的能力、在服务中换位思考的意识、团队合作意识、遇到问题后解决情况、服务的实际效果等。
反思服务经历，分享服务经验	评价的是学生能否通过服务实践活动，获得个性化经验的程度。通过参与活动，形成相关意识。提升服务社会等情感态度价值观。其反思的内容是多元的，可以是方法性的、体验性的或者是理解性的。

社会服务活动中不同表现的水平要根据学生的实际情况划分。对于初中学段的学生来说，开展社会服务活动的目的是让学生体验服务的过程，并丰富他们的情感世界，其在体验中发现问题以及进行服务反思的能力有限，重在态度上的评价。因此，若学生能够完整地将服务活动坚持下来，有真实体验有反思即可定为"好"的标准。

③设计制作活动。设计制作活动包括劳动技术和信息技术两方面，主要指学生运用各种工具、工艺进行设计，并动手操作，将自己的创意、方案付诸现实，转化为物品或作品的过程。设计制作活动能提高学生的创新精神与动手实践能力，它涉及的主题活动内容广泛。设计制作活动要素主要包括创意设计、选择活动材料和工具、动手制作、交流展示物品或作品、反思与改进等。设计制作活动的学生表现性评价准则与指标分析（见表6-4）。

表6-4　设计制作活动的学生表现性评价准则与指标分析

评价准则	指标分析
创意设计	评价学生的创意设计能力，考查学生在生活中观察发现事物的问题或人们的需求的能力，制作前对作品的构思，能以绘图或者多媒体软件等方式呈现出来。其评价指标需要根据选题而定，可以包括呈现设计的创新性、实用性、寓意等。

评价准则	指标分析
材料和工具的选择	评价学生在操作性学习中的规划能力，即能否根据作品的需要，选择合适的工具，并且合理利用现有的制作材料，安排制作的流程。
动手制作	评价学生将设计转化为实体作品过程中所表现出的运用各种工具、工艺的能力和水平，评价指标可以包括相关劳动技法的熟练程度，如十字绣针法、黏土捏法的掌握，简单信息技术使用与制作以及制作过程中表现出的情感态度，如能够持之以恒地完成作品，在制作过程中能遵守操作规范，注意安全。
交流展示物品或作品	通过学生作品的交流，评价学生在参与设计制作过程中表现出的良好品质、设计思想内涵、将自己的想法转化成有创意的成品情况、创作的态度。
反思与改进	评价对作品及作品制作各方面进行反思，对作品的改进水平，改进的意识、合理性等。

关于划分设计制作中不同表现的水平，要根据实际的学生情况划分。对于初中学段的学生来说，独立设计并制作出较为完善的作品也较难，因此，在进行表现标准的划分时，应重在对基本技能的掌握和对工具的使用及参与的态度上，若学生能够拥有参与的热情，乐于尝试，根据教师提供的样品或步骤，进行规范操作或有一点自己的设计思想完成一个成品，即可定为"好"的表现。

④职业体验及其他活动。班团队活动、职业体验、游学活动等以体验性学习为主。体验性学习基于学生身心发展特点、兴趣爱好、未来职业发展及成长需要，在丰富的活动场所、真实的自然或社会环境、职业实践活动中，让学生在亲身实践中获得真切的情感体悟，促进学生进一步认识自我，了解社会，获得对生活世界与职业世界的深刻理解。职业体验等活动要素有选择或设计职业情境、实际岗位演练或其他实践体验、总结反思和交流经历过程，概括提炼经验，行动应用。体验性学习的学生表现性评价准则与指标分析（见表6-5）。

表 6-5 **体验性学习的学生表现性评价准则与指标分析**

评价准则	指标分析
选择或设计职业情境	评价学生选择感兴趣的职业情况，通过各种途径了解职业基本特点的程度，初步设计参与职业体验的方案。
实际岗位演练或其他实践体验	评价学生在体验活动中表现出的参与度和相关能力，即评价学生积极参与的体验情况，主动承担任务，有目的、有计划地进行场馆的参观，及时记录有用的信息，在职业体验等活动中演练相关的技能要领，了解职业角色，完成体验任务，注意秩序和精神面貌等。由于体验的主题广泛、方式众多，因此，在设置评价指标时应该根据实际情况进行选择。
概括提炼经验	评价学生通过体验活动个人收获情况。学生能否通过体验，获得经验的积累和情感的提升，或者其他个性化感悟。可以基于学生的"物化成果"，如观后感、场馆参观的个性化游览图的设计、体验报告等评价学生的体验收获。
行动应用	评价学生将体验获得的经验和技能应用到学习、生活等方面的意识和行动。

对于初中学段的学生来说，能够有组织地在教师的带领下完成体验活动，并且能够拥有较高的热情，能获得体验感受与一定的反思即可定为"好"的表现。

在综合实践活动课程中，实施表现性评价要注意合理使用学生表现性评价量表。在教学实践过程中，教师若能利用好量表，因势利导，充分挖掘其教育功能，会事半功倍。如教师可以带领学生进行量表的设计，不仅加深了学生对于活动目的和评价标准的认识，同时也充分调动了学生的主观能动性，使得评价量表的指导作用增强。教师还可以根据活动目的灵活地安排量表的发放时机，在阶段性活动之后发放量表，可以帮助学生对自己的活动过程和实践收获进行总结，比较客观地了解自己的学习程度和水平，特别是像一些大主题、长周期的研究性学习活动，学生利用量表进行自我鉴定和评价，不仅能及时巩固活动成果，同时还能再次强化研究性学习中的方法性的、过程性的知识要点。在访谈活动前发放量表，可以让学生学习关于访谈法的要点，提前对自己的访谈活动进行必要的调整，有利于访谈活动的实施。总之，量表中明确的准则与表现标准的呈现可以指导学生向"好"的标准努力。

(二) 档案袋评价

在活动过程中，教师要指导学生分类整理、遴选具有代表性的重要活动记录、典型事实材料以及其他有关资料，编排、汇总、归档，形成每一个学生的综合实践活动档案袋并纳入学生综合素质档案。档案袋是学生自我评价、同伴互评、教师评价学生的重要依据，也是招生录取中综合评价的重要参考。

1．档案袋评价

档案袋评价也叫成长记录袋评价，所谓档案袋评价就是学生经过长期、有计划地对其在学习过程中各方面成长发展的记录，包括在学习过程中的收获与进步、体验与感悟反思及学习成果与作品。这些记录、成果与作品反映了学生有个性特征的学习技能和策略的水平，反映了学生一个阶段各方面成长的过程。

2．档案袋内容

有些学者根据收集评价的内容将档案袋划分为两种类型，即成果表现档案袋和过程表现档案袋。前者所包含的是学生的各种作品，而后者则是学生学习过程的表现及其变化程度资料。综合实践活动的学生评价是过程与结果并重的发展性评价。因此，运用档案袋评价方法时，不仅要收集学生的各种作品，还要收集学生学习过程的表现及其变化程度的资料。学生的各种作品包括：调查报告、手工作品或作品照片、科技制作作品或作品照片、科学研究小论文、电脑作品、手抄报等。学生学习过程资料包括：某项活动中提出的问题与筛选的问题，学生活动的方案以及修改后的方案、调查问卷、采访提纲、观察记录、活动反思、活动中发生的故事与体验和感悟、活动总结等，综合实践活动学生评价档案袋中的资料内容形式多样，只要能反映学生学习过程的真实资料都可以放在其中。

3．档案袋评价的作用

档案袋评价的作用非常符合综合实践活动发展性学生评价的理念要

求，能够反映学生的综合素质发展，使教师和学生都能直观地看到学生情感方面的发展、能力的发展，能够较客观地对学生表现进行评价。档案袋评价是由学生自己决定收集具体的评价资料，学生成为评价的主体，能够培养学生的主体意识，激发学生学习的潜能，促进学生的反思。另外，档案袋内容的收集是基于活动目标在教师指导下进行的，学生通过交流、展示，可以看到彼此的进步，分享成长的快乐。所以，档案袋评价对活动的开展、促进学生各方面能力的发展有指导意义。

4. 档案袋评价方法实施

（1）明确评价目的和内容

建立综合实践活动评价的档案袋首先要学生明确评价的目标内容，根据目标内容，师生共同确定档案袋收集的内容，如学生设计的活动方案，活动过程中遇到和处理某个突出事件的感悟，活动过程记录的资料、活动成果等。

（2）制定评价标准

档案袋评价最终是师生共同参与的，在进行评价前教师最好和学生共同制定评价标准，明确评价指标，在活动之初可以设计量表供学生活动过程中参考，这样对学生学习的指导和档案袋内容的积累都有积极的作用。

（3）指导收集资料的分类

档案袋评价准备档案的时间比较长，一般需要用一个学期或一个学年，所以教师在使用这样的评价时，要注意对学生积累档案袋资料内容和方法的指导，将材料分类。对档案袋内容积累与分类要定期指导交流，这样能够保证学生档案袋内容的质量。

（4）交流与评价

档案袋评价不仅是档案袋的展示，关键是在交流展示的基础上，学生可利用评价等级量表开展自评和互评，教师根据档案袋内容以及学生的自评、互评内容用描述性语言对学生进行综合评价。

（三）即时评价

1. 即时评价

即时评价就是教师在课堂教学的真实环境中，运用话语甚至附加肢体语言和表情，对学生在学习过程中的学习态度、学习方法、思维过程、情感体验、学习成果等方面进行即时点评。即时评价反馈及时，针对性强，能很好地起到反馈、激励、调控和导向的作用。在综合实践活动课程中，即时评价的主体不仅有教师还包括同伴以及参与活动的其他成员，在课程实施过程中被普遍地应用。

2. 即时评价的特点和作用

在综合实践活动学习过程中，由于教师能够和学生进行广泛的活动和交流，师生和同伴可以在整个活动中随时随地地对学生的活动方法、言行、进步做出评价。因此，即时评价的第一个特点就是即时性，教师或同伴对学生某一个展示环节、某一个体验感受的表达以及学生的方法等即时发表评价，使评价者即时获得反馈信息，可以获得方法指导、鼓励、情感、态度、价值观某一方面的导向等；即时评价的第二个特点是评价的便捷性，即时评价可以是几句话，也可以是一个微笑、一个眼神、一个点头的动作，这些语言虽然简单，但也可起到对学生鼓励的作用；即时评价第三个特点就是针对性强，在活动过程中，针对学生某一个表现进行即时评价，对学生的反馈、导向和激励作用非常显著。

3. 即时评价的应用

在应用过程中，即时评价对教师的要求很高，教师既要有教学机制、调控能力，更要有教学智慧。表面上看，对学生表现的即时评价是随机的、无序的，教师无法预先进行准备，应该说这是一种错误的理解。即时评价是有规律可循的，对即时评价的准备蕴含在教师活动设计过程中。要做好即时评价，教师在活动设计时就要深刻领悟综合实践活动学生培养目标，非常具体清晰地理解具体活动对学生的培养目标。教师要明确每个活动环节设计的目的是什么，教师要怎样引导学生，主要评价点有哪些。在活动中对学生的评价一定是伴随着活动进程而进行的，明确了活动目标和内容，就会知道在活动的各环节重点进行哪些方面的评价，进而在学生发生一些行为或表达一些想法时教师能有的放矢地进行评价，这样在学生活动过程中就可以即时地对学生进行具有实效的评价。在教学实践过程中，有些教师按活动的不同阶段总结出一些常用的评价语言，对学生活动的实施很有指导意义。

初中综合实践活动课程中教师是问题研究与思考的引导者、开展活动的合作者、活动方法的指导者，这就要求教师必须有民主开放的教育思想、真诚友善的合作精神，要密切关注学生的思想动向，认真倾听学生的心声，善于发现学生的个性特点，注意挖掘学生内心深处的活动，发现学生的闪光点，运用即时评价不仅是对某一被评价学生的激励或指导，更是对全体学生在某一发展方面的导向。

即时评价还可以运用于学生之间的互评，提高学生的批判思维能力，提供学生相互沟通和交流的机会。即时评价对于初中学生来说有较大的难度，需要教师在方法上进行引导，可以给学生一个评价的模式，例如，先说针对同伴作品或言论，学生的看法或观点是什么，再说能够支撑看法或观点的原因或证据，最后提出改进的建议。这样可以使学生有逻辑地表达思想，呈现清晰的思维过程。

（四）描述性学生评价

1. 描述性学生评价

描述性学生评价是一种质性评价，是通过书面语言将被评价者的各方面表现情况以及达到的水平描写叙述下来，使被评价者或他人较全面地了解被评价者的综合信息。由于综合实践活动课程的综合性、实践性、发展性等特点，综合实践活动课程的学生评价，特别是一个长周期的活动后或学期期末的总结性评价，很适合运用描述性学生评价的方法对学生进行综合评价。

2. 描述性学生评价的特点

在综合实践活动课程中运用描述性学生评价，可对学生的认知、实践、情感体验与感悟、人际交往等各方面进行综合评价。描述性学生评价也可对学生在活动中的一个表现进行简单叙述，从而反映学生在某方面的突出成绩与发展。描述性学生评价能够尊重和体现学生个体差异、突出学生综合素质的评价，与即时评价相比较，描述性学生评价内容一般以书面形式发给学生，能够由学生保留，学生可以反复阅读评价内容，对评价的理解也会更加深入。因此，描述性学生评价有长效特点。

3. 描述性学生评价的内容

描述性学生评价内容能够根据学生在具体课程实施过程中开展的实践活动表现，对学生的品德（自律、诚实、礼貌、公正、尊重、责任、爱心等）、学力（参与学习的积极性、对知识的学习与运用能力、提出问题和解决问题的能力、社会态度与感受力、思维的独立性、文化与审美等）等进行细致的描述。这种描述性学生评价摆脱了学生分数的概念，能够更好地表达学生学业综合发展状况，使学生更容易接受，能起到很好地激励、反馈和促发展作用。

4. 描述性学生评价的实施

描述性学生评价在实施的过程中有一定难度，主要是教师的工作量大。一方面要求教师熟悉每一位学生，注意观察和记录每一位学生在课程实施过程中的表现；另一方面要求学生注意积累学习活动过程中的资料，帮助教师了解自己。只有这样，教师对每一位学生的描述性评价才更加真实、具体，有针对性和个性。在综合实践活动课程中，教师的描述性评价可以结合学生的自评和互评，教师在学生自评互评的描述性评价的基础上，对学生进行描述性评价。另外，在实施学生自评或互评的描述性评价前，教师要指导学生明确评价什么，怎样表达。

第七章　初中综合实践活动课程的管理

第一节　初中综合实践活动课程的管理概述

初中综合实践活动课程是一门国家规定、地方管理、校本开发的课程，从此意义上看，初中综合实践活动课程集中地体现了我国三级课程管理制度的要求。初中综合实践活动课程的实施，客观地要求校长具有课程领导能力，教师具有课程意识，学校建立课程制度。只有加强对综合实践活动课程的管理，才有助于实现其课程的价值。

初中综合实践活动的课程管理是指国家教育行政部门、地方教育管理部门和学校对综合实践活动课程政策的决策与规划、课程开设的监控与督导、课程实施的开发与组织的全过程。从三级课程管理制度的角度看，国家教育行政部门负责制定和发布综合实践活动纲要和课程实施的相关规定；地方教育管理部门负责对地方综合实践活动课程的开设与实施加以组织、调控、指导与督导；学校基于学校和地方实际，对综合实践活动课程加以开发和实施。其中，地方教育管理部门和学校需要从综合实践活动课程要素出发，予以有效管理，为综合实践活动课程的常态有效开设奠定基础。学校对综合实践活动课程的管理是综合实践活动课程实施过程管理的重要力量。

一、初中综合实践活动课程管理的意义

初中综合实践活动课程与学科课程和其他综合性课程的本质区别在于它的经验性、实践性和活动性。这表明它的活动场所不局限在教室，活动方式是以主题、项目或课题确定活动方向，学生通过对现实社会的

观察、思考，通过一系列的实践体验、探索研究实现对问题的认识与感悟。相对于学科课程，初中综合实践活动课程的活动材料需要"寻找"，活动方式富于"变化"，活动场所相当分散，活动结果无法预料，这些因素增加了综合实践活动课程的实施难度，是对学校管理者、指导教师和社会提出的新挑战。

（一）对学校管理的挑战

学校管理者首先要对教师和学生在教学活动中的作用重新定位，特别要对综合实践活动的发生、发展以及它在教学活动中的地位和价值进行新的认识和判断，建立与之相应的教师观、学生观和课程观。其次，学校要针对基础教育课程改革新的课程结构或体系确立管理目标，制定学校的发展规划；要充分考虑综合实践的特殊性，调整、补充、完善学校一系列管理制度和管理规范，营造一个良好的综合实践活动的实施环境；充分发挥管理的指导功能和评价功能，使师生成长的空间更广阔，让学校管理更具有活力。

（二）对教师专业化的挑战

信息化时代，社会的职业化程度越来越高，劳动者的专业化分工更加精细，教师的专业化程度是衡量教师素质的一把尺子。认识教师的教育专业化，应该从两个方面把握其内涵。一方面，教育专业化要求教师在学科知识领域中具有扎实的基础知识、完备的知识体系和高超的知识水准。也就是说，在学科教学中教师要成为"经师"，把学生引入科学知识的殿堂。另一方面，教育是作用于人的一种思想，一种行为。人的发展变化是教育作用的结果，起最终决定作用的是人自身。由此可见，教师要实现专业化，应该在教育职业方面，把教育哲学、现代教学论作为自己教育行为的理论指导，用教育的眼光、教育的思想审视与教育有关的一切现象，用教育的行为解决教育问题，最大可能地发挥教育促进人自身发展的积极作用，使自己成为"人师"。

初中综合实践活动的实施是对教师教育专业化的挑战。教师要进行多学科专业知识的学习，使自己尽可能地适应学生学习活动的需要，提供最好的指导和服务。教师还必须尽快提高自身的教育素养，用新的理念、新的标准要求自己，参与学生的学习活动；要有教育的眼光，教育的思考，教育的行为，教育的创造；要时时以教育者的态度为学生的学习活动提供支持与帮助。

（三）对社会参与学校教育的挑战

综合实践活动的学习延伸到社会的各个层面，社会成为学生学习和发展的大课堂。学生学习活动的这种开放性给社会参与学校教育提供了机会，也对社会参与学校管理提出了新要求。综合实践活动课程的开设，需要处理好学校与社会的关系、教育与生活的关系。教育社会化，是一种要求、一种行为，社会应该为学生的成长承担更多的责任。第一，做一个对学生的学习活动负责任的管理者，对学生的安全负责，对学生的活动行为负责，对学生的需要负责。第二，做一个学生学习活动顺利推进的热心支持者，从时间和空间上给予支持，抽出时间参与学生活动，提供场地让学生开展活动；从信息资源上给予支持，为学生提供可靠的信息，包括专业介绍、讲座、接受咨询、提供实物等；从社会舆论上给予支持，形成全社会都来关心教育、支持教育、参与教育的氛围。第三，社会及其成员要关注决定国家未来命运的教育改革，积极投身改革之中，参与教育设计与实施，特别是应尽自己所能参与学生的学习活动，使自己成为学生活动的直接指导者。

二、初中综合实践活动课程管理的原则

初中综合实践活动课程的性质和特点，要求针对综合实践活动的管理，努力发掘其内在的特点和规律，按照综合实践活动管理的原则，实施新的课程管理策略。综合实践活动课程管理的原则表现在如下几个方面。

（一）管理的自主性与主导性相结合

学生是初中综合实践活动课程开发和实施的主体，对综合实践活动具有主题选择权、活动决定权，具有对活动过程的自我管理权。实施综

合实践活动，应依靠学生，依靠他们的智慧，依靠他们的管理才能，使他们的自主性管理能力在实践中得到锻炼。在充分依靠学生，放手让学生自我管理的同时，教师对综合实践活动管理的主导性要发挥应有的作用。除此之外，教师对综合实践活动课程管理的主导性是进一步促进学生管理的自主性，使学生强化课程管理意识，提高课程管理能力。

（二）管理的规范性与开放性相结合

整体规划和周密设计是开展综合实践活动的基础。整体规划和周密设计，就是要对整个活动中的各种因素有所预见，采取相应的应对策略，进行预设性的管理，从活动组织、人员安排到过程指导、成果形式一一做好安排，使活动得以顺利实施。但综合实践活动开放和生成的特征又要求教师要对活动过程中生成的目标和主题重新进行认识，针对新情况调整管理策略，使管理行为更有利于活动的深入开展。因此，预设性管理与开放性管理同等重要。

（三）管理的多样性与一致性相结合

学生在活动中学习过程和行为方式会表现出多样性，教师应该尽可能地根据学生的特点和个体差异采取不同的管理策略，满足学生自身发展的需要，使多样化发挥积极的作用。综合实践活动也有它一致性的要求，一旦主题确立，基本的活动目标就已经形成。要使学生围绕主题、目标开展活动，达到主题活动的基本目标。管理应该关注这个一致性的要求，使主题如期完成它的历史使命。

（四）课程管理与研究指导相结合

综合实践活动的综合性、开放性以及生成性的特点决定了综合实践活动过程是十分复杂的。课程管理与研究指导要有机结合，对那些棘手的问题必须与学生共同开展研究，寻找对策。对学生的活动过程要进行有效指导，及时地扫除活动过程中的障碍，使学生更加顺畅地开展调查研究和实践探索。

综合实践活动要有刚性管理的要求，建立科学的课程管理制度，强化课程实施规范；但也应该有柔性管理的渗透。例如，活动过程中对师生行为的支持与鼓励，为处于困境中的师生寻求帮助，主动为活动的实施提供咨询和建议，等等。总之，综合实践活动管理要从有利于学生自主发展和全员参与，有利于学生的创新精神和实践能力的培养，有利于教师专业的发展，有利于学校课程的创生和建构出发，让课程实施更具有价值。

三、初中综合实践活动课程管理的范围

初中综合实践活动课程形态的变化导致管理内容和管理方式跟着发生改变，使得课程管理的范围不断向外延伸，正确把握初中综合实践活动课程的管理内容和管理范围是有效实施初中综合实践活动课程的基础。

（一）时空

国家对开展初中综合实践活动课程的时间安排是每周 3 课时。这是基本的课时数，但并非刚性的规定。在实际实施过程中，综合实践活动的时间大大突破了学科教学每堂课 40 分钟（或 45 分钟）的限制，常常根据活动主题或项目的需要进行时间的再分配，以主题或项目的最终完结为准则，表现出在时间分配上的灵活性。因此，在时间的管理上，是分散使用还是集中进行，要以有利于活动为目的。大课题，长时间；小课题，短时间；校内活动，紧时间；校外实践，放时间。

综合实践活动的空间范围十分广阔，有关专家将其描述为以家庭为圆心，以学校与家庭的距离为半径的区域。学生活动点的移动决定着教师对活动的管理场所的移动。管理的区域应该着重在社区、劳动基地、工厂、农村、机关、资料室、图书馆、网吧等场所。对学生活动要进行周密安排、悉心指导，对学生安全、活动效率要进行全面思考。管理的意义直接体现在综合实践活动过程本身。

（二）资源

资源是初中综合实践活动课程管理的核心要素。综合实践活动的课

程资源广泛存在，教师和学生就是最直接的课程资源。除此之外，社区的、社会的，自然的、人文的，医生、画家、记者、科学工作者、专业技术人员，图书馆、博物馆、阅览室、陈列室、电视台、广播站，文化及娱乐场所、历史遗迹、自然风光都是课题研究的主要信息源，这些课程资源应该进入人们的管理视野。要登记造册，建立资料档案库；要与当事人或单位取得联系，谋求其对学生活动的支持与帮助。由此可见，课程资源的管理要把社区的、社会的、自然的、网络的资源最大限度地用于学生活动，让资源更好地为学生成长服务。

（三）行为和过程

行为和过程主要指学校、教师、学生在综合实践活动中的态度表现与行为结果。行为和过程的规范必须通过管理机制约束，各级教育部门和学校首先要建立与之相适应的制度（或规划）。

就当前情况看，建立的制度（或规划）包括：学校实施综合实践活动的规划；组织机构及其职责分工；教师指导方面的制度；学生参与活动方面的制度；学校实施综合实践活动档案建设方面的制度；学校设施、设备使用方面的制度；师生参与活动的评价制度；教师的学习和教学研究制度；社会资源利用方面的制度。

第二节　初中综合实践活动课程管理的内容

从课程要素的角度看，学生是综合实践活动课程的关键要素，活动主题是课程的基本内容。因而，学校对初中综合实践活动课程的管理，关键是对学生及其活动主题、活动过程、课程资源的管理。

一、初中综合实践活动课程中的学生管理

学生是综合实践活动最活跃的因素。学校及其教师要对学生参与综合实践活动的全过程给予最直接的关注，从学生分组、方案实施到活动安全等方面予以全面考虑，周密安排，精心指导，保证综合实践活动目

标的最终实现。

（一）学生活动的分组

学生进行社会实践和问题研究通常以小组开展活动（也有少数能力强的学生独自完成研究任务），学生活动的分组自然成为教师首先要考虑的问题。一旦主题确定以后，教师就要深入学生之中摸情况、提建议，确定小组人员，分配研究任务。组建学生活动小组，要把握好活动分组的基本原则。

1. 尊重学生意愿，服从主题需要

学生的意愿、主题的需要是活动分组的先决条件。教师应该事先征求学生的意见，得到学生的同意，让学生自觉自愿地参与小组活动，只有这样，学生才能以积极主动的姿态，与小组成员一道通力合作，共同完成研究任务。如果活动确实需要该生承担某项工作，教师必须讲明原因，做好细致地说服工作，使学生打消思想顾虑，心情舒畅地参与小组活动。

2. 关照学生兴趣，注重强弱结合

由于学生的生活经历不同，学习兴趣也会有明显的差异。在主题活动中，一部分学生会对 A 问题产生浓厚的兴趣，另一部分学生可能会对 B 问题产生强烈的探究欲望。教师在活动分组时要尽量照顾到学生的喜好，把那些兴趣相投的同学编为一组，让他们在兴趣的支持下愉快地合作。

关照学生兴趣，还要注重强弱结合。分组的目的是更好地开展研究，分组必须注意强弱搭配，力量均衡。

3. 分组、分工明确，允许跨班、跨校

参与小组活动的学生，要在小组长的统一指挥下进行活动，组长要对每个成员进行合理分工，充分发挥每个学生的聪明才智。每个组员要结合自己的专长，踊跃承担活动任务，为小组分忧，成为小组活动不可缺少的力量。教师要对活动分工进行切实指导，保证分工的合理性。

学生活动的分组、跨班、跨校也是允许的，只要有利于主题的研究，有利于广泛地获取信息。不同班级、不同学校、不同地区的学生在一个课题下，只要需要和可能，可以建立联系，进行有效合作，共享资源。

教师要加强对跨班、跨校学生研究活动的管理与指导，经常不断地了解他们的活动情况，组织他们交流、探索问题，切实解决他们在活动过程中的实际困难，推广他们的经验和成果，使他们的劳动更具有价值。

在遵循上述原则分组的同时，还要考虑活动小组不要过大，一般情况下，以五至六人为宜。小组成员的家庭背景、家长的文化素质和职业状况以及家长对学生活动的支持程度，都是分组中必须注意的。同时，由大主题分解而成的小问题不应太多太杂。

（二）学生活动的安全管理

建立行之有效的安全保障机制，解决学生活动的安全问题是实现综合实践活动快速发展的保证，学校和社会方方面面都应该做好这项工作。

1. 学校的安全措施

学生活动的安全保障首先来自学校，每一所学校都应该建立以第一责任人为首的学生安全指导小组，负责学生的安全教育、安全检查、安全防范、安全指导等工作。具体来说就是制定严格科学的安全管理制度，规范学生外出活动的行为，明确教师的安全管理责任；定期组织安全教育活动，如请交警、公安人员做安全自护的讲座、报告，观看安全教育影片、展览，进行有关安全常识的知识竞赛以及组织模拟自护的训练、比赛等。每一次外出活动，必须明确指定责任人，活动前对学生的安全准备进行全面的检查和分析，并进行具体的指导，消除活动安全隐患。学校还应与交通、公安、消防、社区教育基地和政府有关部门长期保持联系，携手共建学生活动网络，如活动之前的通报，活动中邀请参与具体指导，活动后期安全行为的总结、交流等。

2. 教师的安全考虑

教师是学生活动安全的直接责任人，必须对学生活动的安全问题进行认真细致的考虑。

第一，学生的实践活动应先争取家长的支持与合作。解除家长的后顾之忧就是要让家长看到活动安全保障的可靠性。这里要做的第一件事就是为活动小组配备固定的指导教师（可以是学校教师，可以是家长，也可以是校外的其他辅导员），让他们自始至终跟踪学生的校外活动，确保学生安全的万无一失。

第二，对学生的活动做出周密的安排，如了解活动场所状况，排查活动场所的安全隐患，制定防范措施；安排学生外出活动的次数，每次活动的时间安排、持续时间的长短，并把活动安排制成表格通报给家长。如果是星期天和节假日的活动，最好建议家长亲自带领学生完成指定的任务。

第三，以安全第一为宗旨进行活动分组，如就近、男女生搭配，好动与好静学生组合。

第四，加强活动前与活动中的纪律教育、纪律约束，学生之间的相互监督与管理，团结互助的良好品质的倡导，活动后的安全评估。

第五，注意仪器、活动工具使用前的安全检查，正确使用方法指导，交通工具、通信工具的充分利用等。只要教师的每一项工作都考虑到位，学生活动的安全就是有保障的。

二、初中综合实践活动课程中的学生实践活动过程管理

（一）学生活动主题的管理与指导

指导是管理的范畴。综合实践活动实施的过程就是学生活动的过程。对学生活动的管理，方式多种多样，有制度管理、行为约束、自我监控、互查互评，但更有效的方式是教师对学生活动的指导。学生活动需要教师的具体指导，如主题获取、材料收集、问题研究、成果形成，每一个环节都需要教师从微观层面上给予帮助和引导。

初中学生具有很强的问题意识。他们对身边发生的一切兴趣浓、疑惑多，有着强烈的探究欲望，希望通过自己的努力把事情弄清楚，把问题搞明白。教师要带领学生分析诸多问题的共同点，从源头上找出产生

问题的原因，在与自然、与社会、与自我的关系上寻找结合点，把问题定位在有生活意义、生命价值的认识水平上。

随着社会的发展，主题的研究价值也在发生变化。就目前情况看，综合实践活动主题的确定方法主要有：学生根据自己的兴趣、特长与知识能力基础确定主题；通过调查活动，在实践情境中发现问题，确定主题；指导学生从生活中发现问题，确定主题；抓住学生对某一事物产生兴趣的瞬间，指导学生发现问题，提出主题；综合、延伸、重组学科知识，确定主题。

应该根据学生问题的集中指向，经过反复地讨论、协商，帮助学生提升主题，明确研究方向。指导学生获取主题，教师应该注意的内容包括：主题的可研究性，不能让主题超出学生的理解水平，或者主题的研究对学生的发展意义不大；主题的可持续性，主题应该具有多次研究的价值；主题应该具有问题性、时代性，应该通俗化、简洁明了。

（二）实践过程中的资料管理

1. 搜集资料

搜集资料是学生进行主题研究的主要活动，学生在资料获取过程中可能会遇到种种困难，帮助学生解决这些困难是教师义不容辞的责任。综合实践活动在选题、实施和结题等阶段都要进行资料的搜集和整理，这三个阶段的资料搜集和整理在形式和内容方面有很大的区别：选题阶段主要是尽可能地从多途径搜集资料，并对这些资料进行筛选、比较、分析，发现并提出问题，确定研究方向；实施阶段主要是搜集与研究主题有关的资料，搜集的资料要有针对性，更注重点的挖掘，并将主题研究引向深入；结题阶段属于资料的归纳和整理阶段，这一阶段的主要任务是将搜集到的材料进行遴选和提炼，以便使用。

（1）寻找信息源

通常情况下，教师、家长、图书室、阅览室、书店、因特网是最直接的信息源。这些渠道所提供的信息量大，方便快捷，但仅靠这些信息来源是远远不够的。要广泛开辟信息渠道，与学生一起分析信息可能存在的方式，特别是对于与研究主题相关的单位或个人要积极联络，多方咨询。必要时，带领学生亲自进行实地考察和社会调查，获取第一手资料。值得注意的是，学生得到的信息是在教师的指导下学生自己找到并发现的。

（2）提供采集方式或途径

采集信息的方式或途径对学生来说是非常重要的，它既是研究的准备，也是研究的过程。好的采集方式或途径对学生的能力是一种锻炼和提高，它会让学生终身受用。一般情况下，教师可按照下面的几种方式或途径指导学生采集信息：问卷调查，访谈调查，图书、报刊查阅，网上搜寻，实地考察，实验观察。

①问卷调查。以书面提出问题的方式搜集资料。进行问卷调查时，要精心设计一组与研究目标有关的问题，通过调查对象的回答获取人们对所调查问题的意见、态度等方面的信息。

②访谈调查。调查者通过与调查对象面对面地谈话了解情况，搜集资料。以口头形式，根据被询问者的答复，搜集客观的事实材料。

③图书、报刊查阅就是通过查找专业书籍和报纸、杂志上的专门介绍，获得与主题研究有关的资料，这是最简便易行的一种方法。教师在指导中要着力解决一些问题。此外，还可以请图书管理员给学生提供一些查阅方法方面的讲解和指导。

④网上搜寻。这种途径主要在于要教会学生上网，给出建议学生搜寻的网站。

⑤实地考察。学生在实地考察之前要做好充分地思想准备和物质上的准备，如考察内容的设计，时间、场地安排，人员分工，考察工具的自备，等等，考察时要及时详细记载所看、所听、所想内容。

⑥实验观察。进行实验研究，要坚持定时记录观察到的一切现象，做到记录及时、准确无误，防止细小环节的疏漏。

除上述方式或途径以外，收听广播、收看电视、聆听讲座和报告等都是获取信息的有效办法。资料的类型应包括文字、数据、实物、录音、录像、图片、软件等。作为指导教师，要在学生采集信息之前对学生进行采集方法和策略的讲解与指导。

（3）组织模拟演练

收集资料有时要面对一个完全陌生的世界，在学生的交往能力和社会适应性还很不成熟的时候，事先组织模拟演练是很有必要的。像采访、调查、参观、上网这一类活动，事前要把困难考虑得多一些，设想一些可能遇到的情况，组织学生进行角色演练，让学生充分体验这些过程，获得一些初步的经验，找出应对办法；使学生的能力得到初步锻炼，增添一些实战的勇气和信心。

2. 整理与分析资料

整理与分析资料是综合实践活动最重要的环节。搜集到的材料既多又杂，整理、研究就是把零散的材料归类集中，对材料进行分类、再处理，使不明朗的材料明朗化，然后再进行分析、思考。

指导学生进行材料的整理研究可以先介绍资料整理的基本程序和方法，让学生对整理和分析有一个初步了解，再具体指导整理研究过程。

第一，将搜集到的材料登记造册，简要说明其要素、来源，对材料进行编序保存。

第二，利用一定的时间组织学生对材料进行遴选，挑出有用的材料，把那些对别的问题有研究价值的材料，推荐、呈现给其他小组。必须指出，材料的有用性包括材料的时间性，时间越靠近当前，其材料的可靠性越强。

第三，用摘抄、剪贴、统计、综合归类的方式对材料进行精选或重新组合。材料的精选和重新组合不能忽略材料中内容的顺序性（时间顺序、空间顺序、结构顺序和大小顺序）。

第四，指导学生结合问题分析、研究材料。学生最欠缺的就是对材料的深入分析、研究。在指导中，要以整理为切入口。材料的整理本身就是对主题的研究，当然这种研究只是开始，更要紧的研究在于帮助学生找出材料所揭示的实质或规律。学生在分析、研究时，最好以小组讨论的方式进行，组长主持，由一人做讨论记录，每一个成员阐明观点，以材料为根据，举证说明。

研究必须以材料为依据，用事实说明问题。如果感觉到收集的材料还不足以对主题作充分的论证，边分析研究，边搜集材料补充也是允许的，重在把问题搞透彻，使研究更深入。

分析、研究的基本程序：提出问题、寻找根据、讨论交流、得出结论。①提出问题。在搜集、整理的过程中，每个成员都在对材料进行思考，要针对材料提出有价值的问题。②寻找根据。问题的判断不能凭空想象，要从材料（文字的、事实的）中找到根据，充分证明自己观点的正确性。③讨论交流。通过各种形式的讨论交流，充分阐明观点，阐述理由，集中大家的智慧形成统一的意见。④得出结论。观点的碰撞，最终达到统一，综合起来，得出结论。

（三）对总结过程的管理

成果的形成与展示过程在培养学生的综合能力和创新精神方面发挥着重要作用。学生活动成果的形成需要教师大量的指导与合作，教师适当的建议、点拨，积极参与是对学生活动成果的最有力支持和肯定。

学生提炼成果遇到的问题要引起指导教师足够的关注。这些问题包括：研究结论无法形成，表现形式难以确定，表达方式不够成熟，外部对学生成果不理解、不接受、不支持等。教师应该事先对这些困难有所觉察，针对具体情形给予不同的指导。

研究结论无法形成时，教师要深入小组之中，对整理的材料再做分析，了解学生的问题所在。对学生提出的一些观点，在充分肯定他们开动脑筋的情况下，指出其不足，帮助学生形成小组统一的意见。如果学生的结论各有理由，应该允许这样的结论同时存在。

表现形式难以确定是由于学生不太熟悉各种成果形式的特点和表现方式的缘故。其实，成果形式主要分两种：一种是文字的，另一种是实物的。文字的主要有调查和考察报告、实验报告、以小论文为主的研究报告、建议书；实物包括实物模型，如图片、多媒体课件、小制作等。选择哪一类表现研究成果要根据研究主题和研究过程中资料的获取而定，具备实物的用实物表达，没实物的用文字表述或用文字实物共同说明问题。文字类的研究成果通常是学生表现成果的难点。在归类整理、研究分析之前，教师要用一定的时间讲解报告、论文、建议书的一般书写格式和基本要求，文字成果形成后，要与学生一道对报告或论文进行必要的修改，使报告或论文更加科学、更具有说服力。

当学生遇到表达方式的困难时，教师要提供给学生合适的表达方式，组织学生开展成果展示活动，如报告会、辩论会、演讲团、宣传小分队或自办小报、开辟橱窗等，在组织中加强学生的活动演练和方法指导，让学生在这些活动中得到进一步锻炼和提高。

外部对学生的成果不接受、不支持，可能会挫伤学生的积极性。教师要向外推介学生、宣传学生，让社会重视学生的一举一动，使学生的成果产生最大的社会影响。

三、对教师指导的管理

综合实践活动的实施过程是综合实践活动课程最核心的成分，指导教师的指导是学生实践学习的重要保证，学校要加强对指导教师指导行为的管理。

综合实践活动的实施层面在学校，开发与实施的主体是学生。整个实施过程是学生自我决策、自主行动和自主实践探究的过程。教师在活动过程中扮演着支持、管理、帮助、引导、合作的角色。学生是一个发展的主体，他们的活动经验、行为能力尚在发展变化之中，他们对活动主题的价值判断、活动实施过程中诸多变化因素的应变处理能力还较薄弱，需要教师把握方向，参与谋划、协商，提供对策，有时甚至需要教师的直接干预，由此可见教师对活动过程管理的重要性。学校在管理教师的指导行为时，要引导教师突出如下基本要求。

（一）问题引导，参与策划

研究从问题开始。综合实践活动的最直接动因就是活生生的现实问题。问题引导就是要求教师引导学生发现问题，从现实生活错综复杂的各种现象中思考问题。

在学生的真实生活中，问题是若隐若现的，有些正在被学生认识，有些还未被学生发现，有些以假象给学生以迷惑。学生的需要和兴趣各不相同，教师的问题引导是非常必要的。

1．带领学生观察社会、认识生活

社会包罗万象，生活丰富多彩。教师应该有目的、有重点地带领学生观察社会、观察生活，抓住那些有意义、学生感兴趣而又符合其身心发展规律的生活难点、社会热点、区域特点，发掘、捕捉；经常组织学生参观、考察、访问、交流、讨论，根据学生学习需要举办讲座、报告，针对社会问题开辟板报、画廊、展览等，让学生通过多种途径了解社会，认识生活；帮助学生分析现象也是启发学生发现问题的好办法，教师的分析，学生思维火花的碰撞，有利于学生对社会现象的进一步了解，学生的认识越深，问题意识就会愈强烈。

2．帮助学生归类问题，提炼主题

学生在学习生活与社会实践中会积累许多问题。有些问题会表现出明显的共性，具有很高的研究价值。问题的相对集中，有利于教师的组织与指导，有利于学生间的合作与交流，有利于研究过程中的资源共享，特别有利于活动的实施。提炼主题本身就是一项难度较大的工作，帮助学生归类问题，就是把学生提出的带共性的话题集中起来，引导学生发现问题的焦点，找出症结所在，明确实质，达成共识。综合实践活动主题的确立，既要尊重多数人的意愿，选择那些带共性的话题，又要注重问题的研究价值，用协商讨论的方式弥合分歧，达到统一；同时允许少数个人保留自己的观点。

3．参与方案制定，指导实践过程

综合实践活动强调充分放手让学生自主制定活动方案或研究方案，但并不排斥教师与学生一道研制方案，教师是综合实践活动的开展不可缺少的一员。参与的过程，就是对方案指导、调整、修改的过程。教师参与方案制定，应先对学生进行分组分工，帮助学生明确活动任务和研究方向，根据活动主题设计活动目标、内容，对时间、场地、活动方式、活动的具体过程等作出安排。科学合理的活动方案是综合实践活动顺利实施的基础。

教师还应该全程跟踪综合实践活动的实施过程，进行有目的、有重点、有针对性的指导。对学生活动过程中的困难，教师要及时给予帮助，如帮助学生组织参观、联系采访、举办讲座等。特别像社会实践活动和劳动技术教育等，不确定因素随时可能出现，教师的有效指导就是帮助学生打通关节、化解疑难，组织协调，寻找对策，为学生创造一种适宜的活动环境，让活动减少波折，让学生提高信心。

（二）多方配合，整体推进

综合实践活动的课程特征决定了对活动实施过程的管理应该寻求多方配合，利用一切可能利用的管理力量，把综合实践活动不断引向深入。校内可依靠学校领导、指导教师、各专门教室或场地的管理人员，校外包含的人员更加广泛，如家长、邻居、离退休人员、居委会干部、活动场地的负责人等，社会各阶层都应该肩负起对学生活动的管理责任。教师应将校内外专门人员登记造册，与之建立联系，协调行动，随时通报学生的活动情况，把活动的管理任务交付于他们。条件成熟时，可聘请那些有能力、热心于学生活动的人士组成校外学生活动管理委员会，直接参与学生活动全程管理与指导。学生的自我管理、相互协作与帮助，也应该在活动中得到足够的重视。

整体推进是管理的客观需要。在分组实施的综合实践活动中，研究的任务各有侧重，但活动的总体目标是一致的。各小组在实施研究的过程中，速度会有快有慢，效率会有高有低，收获也会有大有小。教师应整体把握活动的每一个环节，在规定的时间内保证综合实践活动任务的完成，使小组成员的搭配做到实力均衡，将管理和指导的重点集中在薄弱小组、薄弱项目、薄弱环节，整体推进综合实践活动，使每一次研究都能有实效。

（三）承认差异，重点扶植

由于学生经历不同，认知水平和行为能力不同，在综合实践活动过程中的发展也会表现出差异性。这种差异性的客观存在是指教师必须承认学生的这种差异，承认差异是要针对学生的弱点积极扶植，创造条件，使行为能力差的学生跟上整个活动进程。学生的生活态度、学习习惯、个性品质和学生对综合实践活动的兴趣也是形成差异的重要原因。教师要努力缩小这种差距，给予行为能力差的学生特别的关心和呵护。

在任务分配上，让这些学生承担难度小、不复杂、周期短的活动任务，适当降低活动要求。如果教师有意识地对行为能力差的学生进行锻炼，则必须加强在具体环节中的直接指导和帮助。

（四）提供机会，促进反思

开设综合实践活动课程，就是要让学生有更多参与社会实践的机会，使学生在现实生活中凭借自己的能力，用自己独有的方式观察社会，发现问题，研究和解决问题，实现自身的价值目标。教师在活动过程中的管理作用就是为学生创造一切有利于综合实践活动实施的条件，给学生提供锻炼自我、展示自我的机会，搭建学生显露才华的舞台。学生在活动中通过搜集、整理、分析、研究或者通过实践体验，形成了自己的观点和方法，教师要允许学生表达自己的思想，帮助学生设计成果的表达方式，如办板报，写总结，制作网页，组织报告会、交流会、成果发布会、演讲、论坛，力求形式多样，既要符合学生的意愿，又要使学生力所能及，这种机会要给予每一个学生。

提供机会的意义不仅在于积极引导学生，帮助学生解决实际问题，尊重学生的劳动创造，还在于从制度、措施上对学生参与综合实践活动给予保护与扶植，并寻求社会的积极支持与合作。

反思综合实践活动，对教师和学生来说，都是一次主题再认识、再提高的过程。教师要及时组织学生进行活动反思，把反思结果与反思过程结合起来，从知识与技能、过程与方法、情感态度与价值观三维目标上检查自己的一言一行，一举一动，总结自己的成功与失败，在反思中调整，在调整中深化。

教师与学生都是综合实践活动的实施主体，是活动的共同开发者。强调师生共同反思综合实践活动反映了课程管理的客观要求。教师对学生的指导是在具体的情境中实现的，这种具体的指导行为使教师有更多的机会对学生进行观察，对问题进行研究与思考，这样教师对学生的关注就会更多。

共同反思要求教师既要反思教师自己的行为，又要帮助学生全面客观地看待主题活动，从活动过程和结果中看到自己的发展变化，了解自己的不足。在反思活动中，教师要认真组织学生写活动日记、总结，启发学生寻找有价值的问题，引导学生对活动进行继续思考，设计未来发展的目标，寻求主题突破。

参考文献

[1]王怡.地震科学探索综合实践活动课程手册[M].上海:上海社会科学院出版社,2021.

[2]戎庭伟,张馨月.综合实践活动课程的评价与管理[M].石家庄:河北教育出版社,2021.

[3]赵筱侠,宋秋前.综合实践活动课程的设计与实施[M].上海:上海交通大学出版社,2021.

[4]陈琼瑜.综合实践活动课程教师指导框架设计[M].长春:吉林人民出版社,2021.

[5]俞丽萍.从理解到行动综合实践活动课程的区域探索[M].杭州:浙江教育出版社,2021.

[6]钱晓华,沈建平.钱塘新模式综合实践活动课程建设的区域探索[M].北京:现代出版社,2021.

[7]曹钧,栾莉,姜晓波.普通高中综合实践活动课程教学实用策略[M].济南:山东大学出版社,2021.

[8]黄玉群.综合实践活动课程教育技术装备实用手册[M].上海:华东师范大学出版社,2021.

[9]孙亚桂.跨学科主题实践活动课程的探索[M].北京:新华出版社,2021.

[10]王振中.综合实践活动设计与探索[M].长春:北方妇女儿童出版社,2021.

[11]林黎华,郭春芳.做有价值的综合实践活动[M].厦门:厦门大学出版社,2021.

[12]梁焕英.综合实践活动项目开发设计与实施[M].广州:广东高等教

育出版社,2021.

[13]李丽.让综合实践活动为初中学生发展提供助力[M].长春:吉林人民出版社,2021.

[14]尚海涛.综合实践活动课程理论探索与实践[M].北京:民主与建设出版社,2020.

[15]孔珍.小学数学综合实践活动课程:多元设计与校本实践[M].北京:北京理工大学出版社,2020.

[16]曾令鹏,鲍银霞,丁玉华.小学数学综合与实践活动课程实施研究[M].广州:广东高等教育出版社,2020.

[17]赵蒙成,肖颖,刘振.综合实践活动课程:多视角的探索[M].广州:华南理工大学出版社,2020.

[18]薛桂兰.中学英语综合实践活动课程开发与实践[M].北京:北京教育出版社,2020.

[19]宝新中.理想与现实综合实践活动课程的西湖样本[M].杭州:浙江科学技术出版社,2020.

[20]徐慧萍.寻访"老文化":综合实践活动课程构建与实施[M].北京:科学出版社,2020.

[21]樊波,张仰峰.梦想百草园外冈中学综合实践活动课程活动手册[M].上海:上海社会科学院出版社,2020.

[22]贾万刚,刘莹,高生军.综合实践活动的设计与实施[M].合肥:中国科学技术大学出版社,2020.

[23]盛梅.初中综合实践活动校本开发[M].大连:辽宁师范大学出版社,2020.

[24]杨培禾,曹温庆.综合实践活动课程论[M].北京:北京首都师范大学出版社,2019.

[25]张学岩.综合实践活动课程的研究与实践[M].北京:中国民主法制出版社,2019.

[26]张华.综合实践活动课程的国际视野[M].石家庄:河北教育出版

社,2019.

[27]张紫屏.综合实践活动课程的理论视野[M].石家庄:河北教育出版社,2019.

[28]张晓东,杨健.原来就在你身边:综合实践活动课程的资源开发[M].石家庄:河北教育出版社,2019.

[29]景季萍.综合实践活动课程的开发[M].贵阳:贵州教育出版社,2019.

[30]何茜.综合实践活动课程概论[M].北京:高等教育出版社,2019.

[31]曾女兰.无土栽培综合实践活动课程[M].北京:光明日报出版社,2019.

[32]孔丁嘉.STEAM+综合实践活动课程设计与实施[M].大连:大连理工大学出版社,2019.

[33]李臣之,潘洪建.综合实践活动课程实施研究[M].北京:中国社会科学出版社,2019.

[34]徐滨南.综合实践活动课程实施策略与案例研究[M].哈尔滨:黑龙江大学出版社,2019.

[35]陈晓东.中小学综合实践活动课程精选[M].杭州:浙江科学技术出版社,2019.

[36]陈光其.中小学综合实践活动课程集锦[M].杭州:浙江科学技术出版社,2019.

[37]李颖.综合实践活动课程与教师专业发展[M].长春:吉林人民出版社,2018.

[38]钮烨烨.行之综合实践活动课程的校本探索[M].苏州:苏州大学出版社,2018.

[39]邱晓婷.综合实践活动课程的思考与探究指向学生素养的实践研究[M].苏州:苏州大学出版社,2018.

[40]吴积军.中小学综合实践活动课程实施策略[M].西安:西安电子科技大学出版社,2018.

[41]郭元祥,李嘉庆.综合实践活动课程指导[M].北京:北京师范大学出版社,2018.

[42]辛克利.综合实践活动课程的探索与实践[M].长春:吉林文史出版社,2018.

[43]李海勇,郑先翠.中小学综合实践活动与课程统整概论[M].西安:西安交通大学出版社,2018.